아하! 그땐 이런 과학기술이 있었군요

글쓴이 지호진

대학에서 문학을 전공하고, 우리나라 전통문화 관련 잡지에서 기자 생활을 했습니다. 지금은 어린이 책 전문 기획 작가로 활동하고 있습니다. 그동안 쓴 책으로는 《아하! 그땐 이런 인물이 있었군요》《아하! 그땐 이런 경제생활을 했군요》《아하! 그땐 이런 문화재가 있었군요》《최고의 박물관을 찾아라》《최고의 과학관을 찾아라》《유물과 유적으로 보는 한국사》《유물과 유적으로 보는 세계사》《밤하늘 별 이야기》《한권으로 보는 그림 한국사 백과》 등이 있습니다.

그린이 이혁

만화 영화의 그림을 그리다 지금은 어린이 책 그림을 그리는 일을 하고 있습니다. 이것저것 만드는 것과 모으는 것이 취미입니다. 그 동안 작업한 책으로는 《아하! 그땐 이렇게 살았군요》《아하! 그땐 이런 인물이 있었군요》《아하! 그땐 이렇게 싸웠군요》《아하! 그땐 이런 경제생활을 했군요》《유물과 유적으로 보는 세계사 이야기》《한 권으로 보는 그림 한국사 백과》 등이 있습니다.

아하! 우리 역사 ❼ 과학사

아하! 그땐 이런 과학기술이 있었군요

1판 1쇄 인쇄 | 2009. 4. 1.
1판 11쇄 발행 | 2021. 6. 1.

지호진 글 | 이혁 그림

발행처 김영사
발행인 고세규
등록번호 제 406-2003-036호
등록일자 1979. 5. 17.
주소 경기도 파주시 문발로 197(우10881)
전화 마케팅부 031-955-3100 | **편집부** 031-955-3113~20
팩스 031-955-3111

ⓒ2009 지호진, 이혁
이 책의 저작권은 저자에게 있습니다.
서면에 의한 김영사의 허락없이 내용의 일부를 인용하거나 발췌하는 것을 금합니다.

값은 표지에 있습니다.
ISBN 978-89-349-3373-1 73910

좋은 독자가 좋은 책을 만듭니다. 김영사는 독자 여러분의 의견에 항상 귀 기울이고 있습니다.
전자우편 book@gimmyoung.com | 홈페이지 www.gimmyoungjr.com

어린이제품 안전특별법에 의한 표시사항

제품명 도서 제조년월일 2021년 6월 1일 제조사명 김영사 주소 10881 경기도 파주시 문발로 197
전화번호 031-955-3100 제조국명 대한민국 ⚠주의 책 모서리에 찍히거나 책장에 베이지 않게 조심하세요.

아하! 우리 역사 ⑦ 과학사

아하! 그땐 이런 과학기술이 있었군요

지호진 글 | 이혁 그림

주니어김영사

작가의 말

우리 조상들의
놀라운 과학기술을 만나보세요!

"대한민국이 현재 첨단 기술 분야의 세계 최고가 된 것이 기적 같은 일이라고?"

반도체, 조선, 정보통신, 생명공학, 자동차, 전자 등 우리나라는 여러 분야에서 세계의 인정을 받는 우수한 과학기술을 자랑하며 첨단 기술 분야의 강대국으로 자리매김하고 있어요.

미국이나 유럽 등 서구의 선진국이나 이웃 나라 일본보다도 산업화가 훨씬 늦었고, 현대적인 과학기술이 싹튼 것도 불과 150여년 정도인데, 오늘날 어떻게 우리나라의 과학기술이 눈부시게 성장한 것을 보고 외국 사람들은 매우 기적 같은 일이라고 해요.

세계의 다른 여러 나라들과 비교하여 우리나라의 과학기술이 짧은 기간에 눈부시게 성장하고 첨단 기술 분야에서 세계적인 강대국이 된 것은 사실이지만 그것은 결코 기적이나 우연이 아닙니다.

우리 민족, 우리 조상들은 이미 서구 과학이 우리나라에 들어오기 전, 아니 역사가 시작된 지 얼마 지나지 않은 고대부터 과학적인 사고와 연구를 했고 뛰어난 기술을 개발하여 과학기술을 발달시키고 과학 문명을 발전시켜 왔습니다. 그리고 우리 조상들이 이룩한 찬란했던 과학기술과 과학 문명이 마르지 않는 샘과 흔들리지 않는 뿌리처럼 현대 과학기술의 바탕과 잠재력이 된 것입니다.

"어떻게 우리 과학기술의 위대함을 알 수 있지? 어디서 우리 조상들의 과학기술을 찾을 수 있을까?"

우리 조상들은 고조선 때에는 주변의 민족들이 부러워하는 뛰어난 청동 주조 기술을 지니고 있었으며, 삼국 시대에는 세계적인 수준의 건축 기술과 금속 기술을 발휘해 다양한 예술 작품을 창조했습니다. 고려 시대에는 세계가 감탄해 마지않는 뛰어난 기술과 예술적인 감각이 담긴 공예 기술과 놀라운 인

쇄 기술을 보여 주었으며, 조선 시대에는 우수한 과학 기기들과 세계에서 가장 과학적인 문자로 평가받는 독창적인 문자를 만들었지요.

물론 우리 조상들이 이렇게 위대한 과학기술을 발전시킬 수 있었던 것은 열심히 연구하여 과학적인 원리를 이해하고 과학적인 지식과 경험을 쌓았기 때문입니다. 나아가 자연을 과학적으로 이용하고 생활 곳곳에 과학적인 생각과 원리를 담으려고 노력해왔기 때문이기도 합니다.

우리 조상들의 과학기술은 조상들이 남겨놓은 우수한 과학 문화유산을 통해 만날 수 있습니다. 다뉴세문경, 칠지도, 신라 금관, 성덕 대왕 신종, 첨성대, 포석정, 석굴암, 청자, 금속 활자, 신기전과 화차, 훈민정음, 측우기, 앙부일구, 수표, 거북선, 천상열차분야지도 등을 살펴보면서 말이지요.

《아하! 그땐 이런 과학기술이 있었군요》에서 과학 문화유산 속에 담겨 있는 과학의 원리도 이해하고 조상들의 뛰어난 지혜와 솜씨도 만나보세요.

우리 조상들이 지녔던 과학적인 생각들, 우리 조상들이 이룩한 업적들을 통해 우리나라의 미래인 어린이들이 우리 역사와 조상들의 과학 정신을 자랑스럽게 여기고, 과학기술에 대한 관심과 이해의 폭을 조금이라도 넓혔으면 좋겠습니다.

지호진, 이혁

작가의 말 _ 4

세계 최고의 우리 과학기술

1. 이런 **성**을 쌓았어요 _ 9
수원 화성, 풍납토성, 몽촌토성, 공산성, 삼년산성, 평양성

2. 이런 **탑**을 만들었어요 _ 21
석가탑, 다보탑, 정림사지 5층 석탑, 경천사 10층 석탑, 황룡사 9층탑

3. 이런 **배**를 만들었어요 _ 29
거북선, 판옥선

4. 이렇게 **집**을 지었어요 _ 41
기와집, 초가집

5. 이런 **건축물**도 지었어요 _ 51
포석정, 석굴암, 석빙고

6. 이런 **금속 기술**이 있었어요 _ 61
성덕 태왕 신종, 다뉴세문경, 칠지도, 신라 금관

7. 이런 **인쇄술**이 있었어요 _ 69
금속 활자, 목판 인쇄술, 계미자와 갑인자, 팔만대장경

8. 이런 **무기**도 개발했어요 _ 77
신기전과 화차, 비격진천뢰, 개마무사, 쇠뇌

9. 이렇게 **하늘**을 관측했어요 _ 85
첨성대, 혼천의, 천상열차분야지도, 혼천시계

10. 이렇게 종이도 만들었어요 _ 95
한지

11. 이런 의학 서적이 있었어요 _ 103
향약집성방, 의방유취, 동의수세보원, 동의보감

12. 이렇게 옷감을 만들었어요 _ 111
염색 기술, 직조 기술

13. 이런 그릇도 있었어요 _ 119
상감 청자, 분청사기, 백자, 옹기

14. 이런 지도도 만들었어요 _ 127
혼일강리역대국도지도, 동국지도(조선방역지도), 대동여지도

15. 이런 과학 기기도 발명했어요 _ 133
자격루, 앙부일구, 측우기, 수표

16. 이런 문자를 발명했어요 _ 143
한글

17. 이런 과학책도 저었어요 _ 149
자산어보, 칠정산내·외편, 서운관지, 담헌서

 **부록**

한국과학기술한림원이 선정한 **명예로운 과학기술인 25** _ 157

세계 최고의 우리 과학기술 01

이런 성을 쌓았어요

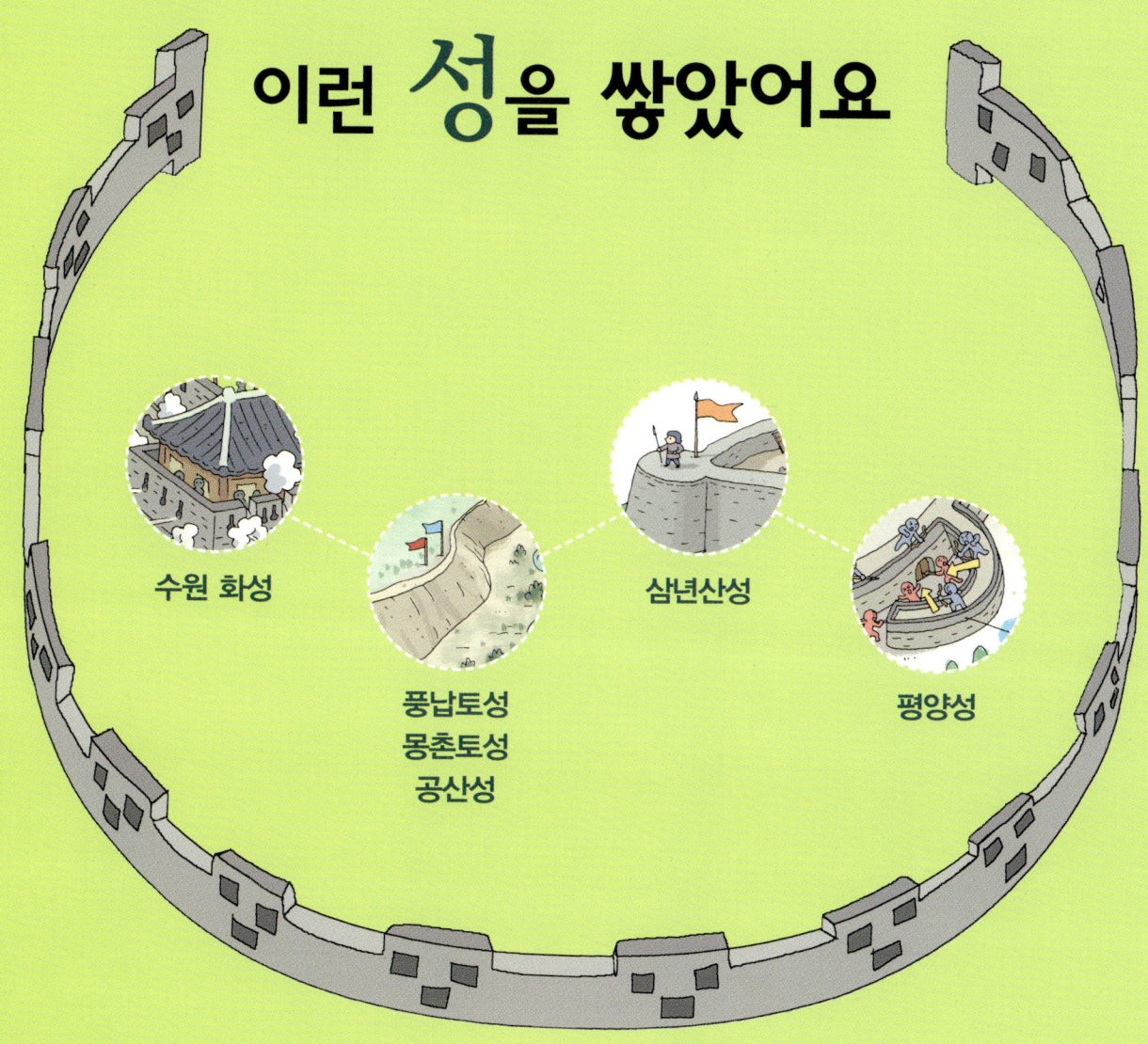

성은 외적의 침입을 막는 가장 오래된 시설이에요.
처음에는 돌을 쌓거나 나무로 울타리를 만들어 적과 사나운 동물의 습격을 막았어요.
국가 간의 전쟁이 벌어지면서 성은 외적의 침입을 막는 매우 중요한 역할을 했어요.
우리 민족은 고조선 시대부터 성을 쌓기 시작했고, 우리의 지형과 환경에
맞는 방식으로 성을 쌓는 기술을 발달시켰어요.
과연 우리 조상들은 어떻게 성을 쌓았고, 성을 쌓을 때 어떤 기술을 발휘했을까요?

조선의 수원 화성

수원 화성은 동서양의 과학기술이 모여 만든 우리나라 최고의 성이에요.

"오호! 거중기가 사람 대신 저렇게 큰 돌을 번쩍 들어 올릴 수 있다니! 참으로 신통하구나!"
"그러하옵니다, 전하. 거중기를 사용하면 한 사람이 4백 근(240킬로그램)의 무게를 들어 올릴 수 있습니다.

저것은 '녹로'라 하옵니다.

오~그래. 무거운 것을 들어 올린다지! 정말 신통하구나.

저렇게 30명의 장정이 힘을 합치면 무려 1만 2천 근이나 되는 돌을 들어 올릴 수 있습니다."

1794년, 조선의 제22대 임금인 정조는 수원 화성에 행차해서 화성이 잘 지어지는지, 어려운 점은 없는지 꼼꼼히 살펴보았어요.

"저 수레는 처음 보는구나."

"네. 저것은 유형거이옵니다. 일반 수레의 단점을 보완해서 새로 발명한 것이지요."

총책임을 맡은 정약용이 정조를 따라가며 화성 공사에 대해 설명했어요.

수원 화성은 이렇게 거중기, 유형거, 녹로 등 새로 발명된 기구들을 이용해 1794년부터 세워지기 시작했어요. 그리고 동서양의 성 쌓는 기술을 한데 모으고, 치밀한 계획과 설계에 따라 다양한 구조물을 과학적으로 배치해 1796년 10월에 완공했어요.

수원 화성의 방어 시설

수원 화성은 철통 같은 방어 시설을 자랑해요. 공격과 방어를 함께 할 수 있는 시설물을 곳곳에 배치했고 비밀 통로도 만들었어요.

❶ 군사들을 보호하는 **여장**과 **타구**

여장은 적의 공격으로부터 군사들을 보호하는 시설로, 성곽 위에 낮게 쌓은 담을 말해요. '타' 혹은 '성가퀴'라고도 부르지요. 여장과 여장 사이에 ㄩ모양으로 홈을 파 놓은 부분은 '타구'예요. 군사들은 타구에서 활을 쏘며, 적을 공격했지요.

❷ 2,700여 개의 총구멍 **총안**

여장에 나 있는 네모난 구멍을 '총안'이라고 해요. 총을 쏘는 구멍이지요. 수원 화성에는 여장이 913개가 있고, 여장 1개마다 3개의 네모난 구멍이 뚫려 있어요. 그러니까 전부 2,700여 개의 총안이 있는 것이지요. 3개의 구멍 중에 가운데 있는 구멍은 가까운 곳에 있는 적을, 양 옆의 구멍 2개는 멀리 있는 적을 향해 총을 쏘는 구멍이었어요.

❸ 성벽을 기어오르는 적을 공격하기 위한 **치성**

성벽 밖으로 군데군데 내밀어 쌓은 것을 '치성'이라고 해요. 치성은 볼록하게 튀어나와 있어서 성벽을 기어오르는 적군을 옆이나 뒤에서 공격할 수 있었어요. 그래서 적을 효과적으로 막아 낼 수 있었지요. 고구려 사람들도 성을 쌓을 때 이렇게 치성을 만들어 적의 공격을 막았어요.

❹ 쇠뇌를 쏘기 위해 특별히 만든 **노대**

노대는 쇠뇌를 사용하기 위해 성벽 안에 만든 시설물이에요. 쇠뇌는 활보다 멀리 쏠 수 있고 발사 장치가 있어 연달아 쏠 수 있었어요. 수원 화성에는 노대가 2개 있어요. 동북 노대는 사각형 모양이고, 서노대는 팔각형 모양이에요.

쇠뇌

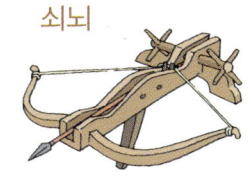

아하! 그땐 이런 과학기술이 있었군요 13

❺ 방어와 공격을 동시에 할 수 있는 **공심돈**

공심돈은 원형 또는 네모난 형태로 벽돌을 2~3층으로 쌓은 다음, 위에는 누각을 세우고 벽에는 위아래로 구멍을 여러 개 뚫어 놓은 시설물이에요. 구멍으로 적을 살피고 총이나 포를 발사해서 방어와 공격을 함께 할 수 있었어요. 공심돈에서 공격하면 적군은 어느 방향에서 총알이나 화살이 날아오는지를 알지 못했어요.

서북 공심돈

❻ 적이 알지 못하는 비밀 통로 **암문**

전투가 벌어지면 적군 모르게 사람이 드나들고 식량 등의 군수품을 나르는 문이 필요해요. 그래서 눈에 띄지 않도록 성문을 만들어 놓았는데, 이 문을 암문이라고 해요. 성곽의 깊숙한 곳에 만든 비밀 통로이지요. 보통은 적의 눈에 띄지 않도록 문에 누각을 짓지 않았어요. 바깥에서 보면 보통 성곽처럼 보인답니다. 수원 화성에는 모두 5개의 암문이 있어요.

삼면에서 공격할 수 있는 **포루**

포루는 성벽의 일부를 凸 자 모양으로 밖으로 튀어나오게 만들고, 내부를 공심돈처럼 비워 화포를 숨겨 두었다가 옆 세 면에서 한꺼번에 적을 공격하도록 만든 시설물이에요. 화성에는 벽돌을 사용해서 5개의 포루(남포루, 서포루, 북서포루, 북동포루, 동포루)를 만들었어요. 서포루만 약간 작고 나머지 4개의 포루는 모두 크기가 같아요.

수원 화성을 만들면서 발명한 기구

 작은 힘으로 물체를 들어 올리는 거중기

거중기는 도르래의 원리를 이용해, 작은 힘으로 무거운 물체를 들어 올리는 기구예요. 우선 위에 있는 고정도르래 4개와 아래에 있는 움직도르래 4개를 좌우 양쪽에서 끈으로 연결해요. 그러고 나서 밑에 있는 큰 고정도르래를 양쪽에서 잡아 당겨 물건을 들어 올리게 만들었어요. 움직도르래 1개는 두 배의 힘을 낼 수 있는데, 4개의 움직도르래가 있으니 여덟 배의 힘을 낼 수 있지요. 거중기는 한 사람당 4백 근(240킬로그램)의 무게를 들어 올릴 수 있어서 좌우에서 남자 30명이 1만 2천 근(7.2톤)의 무게를 들어 올릴 수 있었어요.

 무거운 짐을 쉽게 운반하는 유형거

유형거는 짐을 나르는 수레의 하나인데 정확한 모습은 알 수 없어요. 하지만 정약용이 밝힌 유형거의 제작법에 따르면, 재래식 수레바퀴보다 작은 바퀴에 바퀴살 대신 서로 엇갈리는 버팀대를 대어 바퀴가 튼튼했다고 해요. 그리고 바퀴와 짐대 사이에 반원 모양의 복토를 덧대어 수레 바닥이 높았어요. 저울의 원리를 이용한 복토는 수레의 무게 중심을 평형이 되도록 하여 수레가 비탈길에서도 빠르고 가볍게 움직일 수 있게 했어요. 보통의 수레 100대가 324일 걸려 운반하는 짐을 유형거 70대로 154일 만에 운반할 수 있었어요.

 **고정도르래를 이용해 물체를 들어 올리는 녹로**

녹로는 고정도르래를 이용해서 무거운 물건을 들어 올리는 도구예요. 먼저 각목으로 네모난 틀을 만들고 틀의 앞쪽으로 장대 두 개를 비스듬히 세워요. 그 다음, 장대 꼭대기에는 도르래를 달고 나무틀의 뒤쪽에는 얼레를 설치해요. 그리고 동아줄을 얼레에 연결하고 줄의 반대쪽에 물건을 달아맨 다음, 얼레를 돌려 줄을 감으면 물건을 들어 올릴 수 있었어요.

수원 화성의 특징

주변의 지형을 적절히 이용해 성을 쌓다

수원 화성은 주변의 지형을 이용해 지었어요. 이는 삼국 시대부터 우리 조상들이 산성을 쌓을 때 사용한 방법이에요. 성의 바깥쪽은 성벽을 쌓아 적이 침입하기 어렵게 만들고, 반면에 성의 안쪽은 흙으로 메워 평지처럼 만들었어요. 수원 화성을 쌓을 때도 이 방법을 응용해서 성벽을 높게 쌓아 적의 공격을 막는 한편, 성벽의 안쪽은 적을 공격하거나 군사들이 활동하기 편하도록 흙을 이용해 바닥을 높였어요.

재료의 특성을 이용해 성을 쌓다

돌로 만든 성은 보통 화강암처럼 단단한 돌을 다듬어 쌓거나, 불에 구워 일정한 규격으로 만든 벽돌로 쌓았어요. 수원 화성은 이 두 가지의 재료를 모두 이용해 성을 쌓았어요. 화강암은 벽돌보다 더 단단해요. 그런데 화강암으로 성벽을 쌓으면 대포의 공격을 집중적으로 받을 때 주변의 돌도 함께 무너져 버려요. 이에 반해 벽돌로 쌓은 성벽은 공격을 받은 부분만 부서져요. 그래서 수원 화성은 성벽의 기본적인 뼈대는 단단한 화강암을 다듬어서 쌓고, 대포 공격을 받는 부분은 벽돌로 쌓아, 적의 공격을 효과적으로 막도록 했어요.

과학 기구를 활용해 성 쌓는 기간을 크게 줄이다

거중기, 녹로, 유형거, 대거, 평거, 발거, 동거. 이것은 수원 화성을 지으면서 사용한 기구들이에요. 그중에 거중기와 녹로, 유형거는 정약용이 새로 개발한 기구로, 만드는 데 10년 이상 걸릴 화성을 2년 9개월 만에 완성하는 데 가장 큰 힘이 되었어요. 정조는 이런 과학 기구를 사용하기 좋도록 '화살같이 쭉 곧고 숫돌처럼 평평한 도로'를 만들라고 했대요.

삼국의 성

백제, 신라, 고구려도 성을 쌓는 탄탄한 기술을 가지고 있었어요.
도읍의 역할을 한 고구려의 평양성, 한강 유역에 쌓은 백제의 풍납토성,
3년 만에 완성한 신라의 삼년산성이 대표적인 성이에요.

풍납토성·몽촌토성·공산성 (백제)

백제는 한강 유역에 도읍을 정한 건국 초기(3~4세기)부터 성을 쌓았어요. 흙을 판판하게 다져 성을 쌓고 목책을 두른 풍납토성과 몽촌토성이 백제의 대표적인 성이에요. 고구려에게 한강 유역을 빼앗기고 지금의 충청남도 공주인 웅진으로 도읍을 옮긴 뒤에도 성 쌓는 기술을 더욱 발전시켜 공산성을 쌓았어요.

아하! 과학기술

흙을 재료로 사용하다

풍납토성, 공산성 등을 보면 알 수 있듯이 백제 사람들은 주로 흙을 이용해서 성을 쌓았어요. 흙으로 쌓은 성이라서 '토성'이라고 부르지요. 흙으로 성을 쌓으면 돌로 쌓을 때보다 공사비가 3분의 1 정도밖에 들지 않아요. 적은 공사비와 노동력을 들여 훨씬 웅장한 성을 쌓을 수 있었지요.

판축 공법을 이용하다

일정한 구간을 나누어 기둥을 세우고 구간마다 여러 종류의 흙을 교대로 부어 단단하게 다져요. 그러면 서로 다른 흙입자가 촘촘히 섞여서 땅이 단단해져요. 이 방법을 판축 공법이라고 해요.

 ### 삼년산성 (신라)

신라 역시 적의 공격을 막고 나라를 지키기 위해 고구려와 백제처럼 주변의 지형을 이용해서 성을 쌓았어요. 신라를 대표하는 성은 충청북도 보은에 있는 삼년산성이에요. 성을 쌓기 시작한 지 3년 만에 완성했다고 해서 '삼년산성'이라는 이름이 붙었어요.

협축 공법을 사용하다

삼년산성의 둘레는 약 1.7킬로미터에 달해요. 성벽의 기초 부분에서 윗부분까지, 안팎으로 돌로 쌓고, 그 안에도 흙이나 모래는 전혀 섞지 않고 돌만 채워 쌓았어요. 벽면은 높이가 10미터가 훨씬 넘었고, 수직에 가까웠어요. 이렇게 안팎에 돌을 쌓고 그 안에 돌을 채워 성을 쌓는 공법을 '협축 공법'이라고 해요. 이렇게 성을 쌓으면 무척 견고해서 천년이 지나도 원래의 모습을 그대로 유지할 수 있어요.

 ### 평양성 (고구려)

고구려의 도읍 평양에 있는 평양성(장안성)은 552년에 쌓기 시작해 586년에 완공되었어요. 북성, 내성, 중성, 외성 등 4개의 성으로 이루어졌지요. 왕궁이 있는 것은 물론 일반 백성들도 성안에 살게 해서 평양성이 바로 도읍의 역할을 했어요. 평양성은 도시 전체를 둘러싼 성의 길이가 16킬로미터였고, 그 안에 여러 겹으로 쌓은 성까지 합치면 길이가 23킬로미터나 되었어요.

평양성의 특징

성벽을 튼튼하게 하는 기술을 사용하다

고구려 사람들은 성을 쌓을 때 단단한 돌을 그냥 쌓아 올린 것이 아니라, 성벽을 튼튼하게 하기 위해 특별한 기술을 사용했어요. 우선, 성을 쌓는 돌은 그 뿌리를 깊게 해서 잘 빠지지 않게 했어요. 마치 쐐기를 박아 고정시키듯이 말이에요. 또한 1개의 돌이 6개의 돌에 둘러싸이도록 쌓아서, 돌 1개가 빠지더라도 주변의 돌이 무너져 내리지 않았어요.

산성과 평지성 만드는 기술의 좋은 점을 합치다

평양성은 고구려가 도읍을 평양으로 옮긴 초기에 쌓은 안학궁성과 대성산성의 장점을 합쳐서 만들었어요. 산과 강, 절벽 등의 자연 지형을 이용해 구릉을 따라 성을 쌓아 적의 침입을 막는 산성 만드는 기술을 활용했지요. 그리고 도시 내부의 평지에도 도시와 궁궐을 방어하기 위해 여러 겹의 성을 쌓는 평지성 만드는 기술을 사용했어요. 전쟁에 대비할 뿐만 아니라 성안에서 도시 생활이 효율적으로 이루어지도록 공간을 배치한 것이지요.

독특한 방어 시설을 만들다

고구려 성에는 고구려 사람들의 지혜가 발휘된 독특한 방어 시설이 있어요. 바로 '치성'과 '옹성'이에요. 치성은 성벽에 바짝 붙어 공격해 오는 적을 발견하고 공격하기 위해 성벽의 일부를 凸 모양으로 튀어나오게 쌓은 것이에요. 옹성은 성문의 바깥에 성벽을 하나 더 붙여 쌓은 것으로, 성문이 적에게 쉽게 공격당하지 않도록 보호하는 기능을 했어요. 또 성 주위에 구덩이를 파서 적군이 성을 접근하는 데 어렵게 했어요.

성안에 또 다른 성이 있는
고구려의 평양성

세계 최고의 우리 과학기술 02

이런 탑을 만들었어요

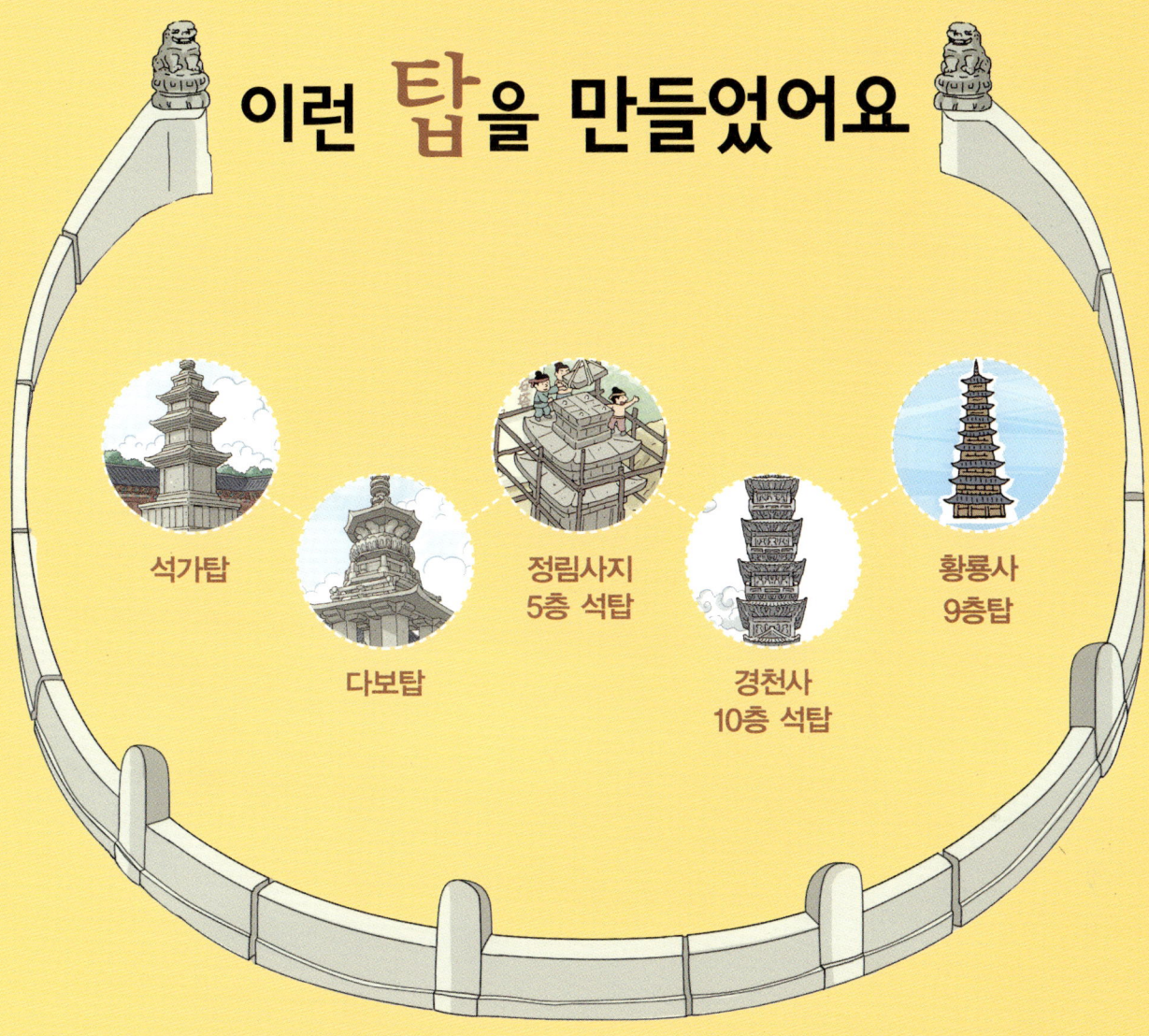

석가탑
다보탑
정림사지 5층 석탑
경천사 10층 석탑
황룡사 9층탑

불교에서는 석가모니의 사리를 모시거나 그 덕을 기리기 위해 탑을 세워요.
삼국 시대부터 불교문화를 발달시켜 온 우리 조상들 역시 탑을 세웠지요.
인도에서 중국을 거쳐 불교가 전해진 것처럼, 탑을 만드는 기술도
처음에는 중국에서 전해졌어요. 그러나 곧 우리 조상들은
독특하고 뛰어난 솜씨로 훌륭한 탑을 만들었어요.
우리 조상들이 만든 탑에는 어떤 것이 있고, 그 탑은 어떤 기술로 만들었을까요?

 신라의 석가탑과 다보탑

현재의 부처와 과거의 부처를 상징하는 두 탑이 불국사에 세워졌어요.
바로 우리나라의 석탑을 대표하는 석가탑과 다보탑이에요.

'불국사가 부처님이 사는 세계를 옮겨 놓은 절이라면 부처님의 몸을 상징하는 기념물도 세워야겠지. 그래, 부처님을 모신 대웅전 앞뜰에 탑을 세우는 게 좋겠어.'

751년, 김대성은 통일 신라의 도읍인 경주의 토함산 기슭에 불국사를 크게 다시 짓기 시작했어요. 그리고 불국사 대웅전 앞뜰에 부처님의 몸을 상징하는 탑을 세우기로 했어요. 김대성은 '현재의 부처인 석가여래가 가르침을 전하고, 과거의 부처인 다보여래가 옆에서 옳다고 증명한다.'는《법화경》의 내용을 바탕으로 두 개의 탑을 세웠지요.

서쪽에는 석가여래의 몸을 상징하는 탑이 세워졌어요. 이 탑은 삼국 시대부터 이어져 온 석탑의 특징을 살려 목탑의 구조를 본떠 화강암으로 만들었어요. 동쪽에는 《법화경》에서 다보여래가 다양한 모습과 갖가지 보물로 장식된 탑으로 나타난 것처럼, 화강암으로 사각형, 팔각형, 원형 등 다양한 모양의 지붕으로 화려하게 장식한 독특한 탑이 만들어졌어요.

두 개의 탑은 각각 석가탑(불국사 3층 석탑)과 다보탑으로 불려요. 석가탑과 다보탑은 그 아름다움과 기술이 매우 뛰어나 통일 신라는 물론 우리나라를 대표하는 석탑이 되었지요.

 수수한 석가탑

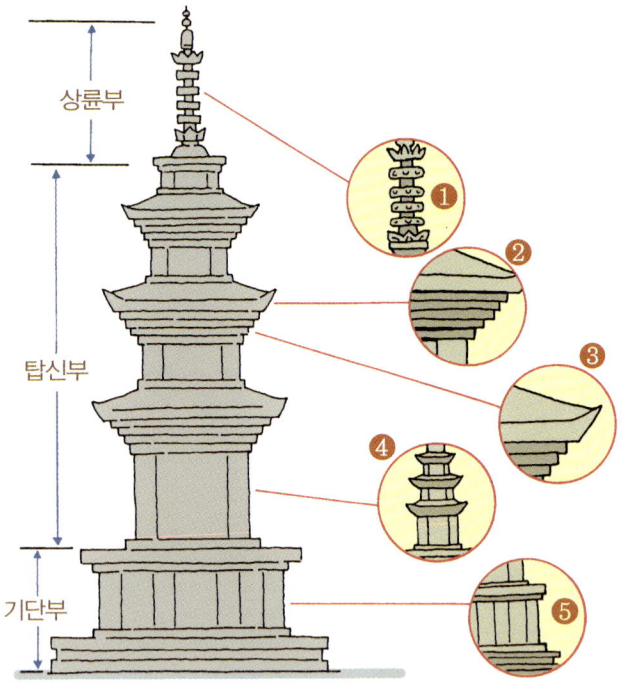

① 탑의 윗부분이 되는 머리 장식은 구슬, 꽃술, 덮개, 수레바퀴, 연꽃, 엎어 놓은 사발, 사각형의 그릇 등 불교를 상징하는 다양한 모양을 조각해, 서로 연결하여 화려한 느낌을 주었어요.

② 지붕돌의 아랫면은 점점 줄어드는 주름 모양으로 된 받침돌을 다섯 단으로 층을 이루게 하여 지붕의 크기를 강조했어요.

③ 지붕돌의 모서리는 모두 살짝 위로 올려 경쾌한 느낌을 주었어요.

④ 탑의 몸체가 되는 탑신은 통짜로 된 돌을 줄여 나가면서 간결하고 안정감 있게 3층으로 만들었어요.

⑤ 탑의 기단은 2층으로 네모반듯하면서, 탑 전체의 무게를 지탱할 수 있도록 튼튼하게 만들었어요.

 화려한 다보탑

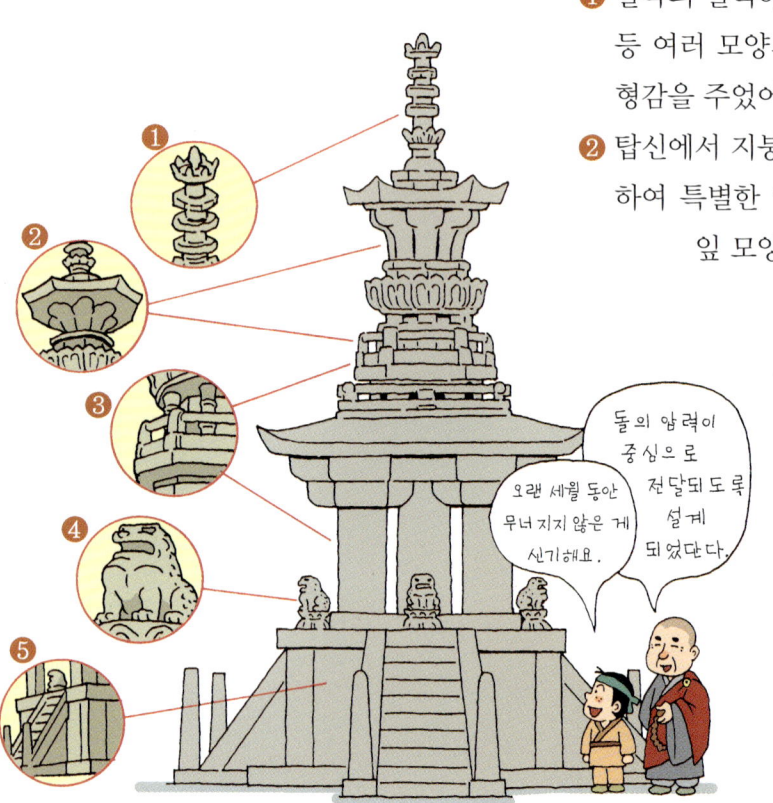

① 팔각의 널찍하면서도 날렵한 지붕 위에 구슬, 사발, 바퀴, 덮개 등 여러 모양의 장식을 철심 사이로 차례로 끼워 화려함과 균형감을 주었어요.

② 탑신에서 지붕돌을 받치는 기둥은 대나무 모양, 버섯 모양으로 하여 특별한 입체감을 주었고, 사각형·팔각형의 난간과 연꽃 잎 모양을 빙 둘러 조각한 지붕 받침돌을 만들어 독특한 멋을 냈어요.

③ 탑신은 사각형, 팔각형, 원형처럼 보이는 십육각형이 차례로 어우러지며 묘한 조화를 이루었어요.

④ 기단부 네 면의 10단 계단 위에는 사자 조각상이 각각 1개씩, 총 4개가 있었어요. 그러나 일제강점기 때 빼앗겨 현재는 1마리뿐이에요.

⑤ 탑의 기단은 사각형으로 단단하게 만들고, 기단을 덮은 돌 위로 네 모퉁이와 가운데에 다시 사각형의 돌기둥을 기단으로 하여 튼튼하게 만들었어요.

다보탑·석가탑의 특징

돌을 흙이나 나무처럼 다루어 탑을 만들다

다보탑은 돌을 마치 흙 주무르듯이 정교하게 만들어 부속품을 조립하듯 일일이 맞추었어요. 그렇게 해서 독특한 모양의 탑이 만들어질 수 있었지요.

한편 석가탑은 돌을 나무처럼 반듯하게 깎고 다듬어 쌓는 우리나라 석탑의 기본 형식을 따르면서도, 돌의 특성을 살려 통짜로 돌을 쌓아 올리는 기법을 사용했어요. 그래서 석가탑은 깔끔함과 든든함이 동시에 느껴진답니다.

석탑은 조각을 하듯 깎아 만들기 때문에 그 모습이 아름답죠~.

정교한 비례로 조화와 균형감을 살리다

다보탑은 서로 다른 형태와 다양한 장식이 모여 이루어진 독특한 모양의 탑이지만, 전체가 8 : 4 : 2 : 1의 일정한 비례로 구성되어 있어요. 그리고 각 부분의 길이, 너비, 두께도 일정하게 통일되어 있어 조화와 균형을 이루어요.

한편 석가탑은 몸체가 되는 1층과 2, 3층 돌의 높이 비율이 4 : 2 : 1로 구성되어 있어요. 이는 아래에서 올려다보면 자연스럽게 그 비율이 작아지는 착시 현상을 일으켜 안정된 느낌을 주어요.

비율을 이렇게 맞춰 주세요.

중국, 일본, 우리나라 탑의 다른 점은 뭘까?

중국은 황토가 풍부하고 인구가 많아서 크기가 큰 전탑을, 일본은 풍부한 목재를 사용해서 목탑을 주로 만들었어요. 우리나라는 질 좋은 화강암이 많이 생산되기 때문에 석탑을 주로 만들었어요.

백제와 고려의 탑

미륵사지 석탑과 함께 백제의 석탑을 대표하는 탑은 정림사지 5층 석탑이에요.
고려의 대표적인 탑은 경천사 10층 석탑이지요.

정림사지 5층 석탑 (백제)

정림사지 5층 석탑은 백제 후기의 도읍이었던 충청남도 부여의 정림사 터에 세워진 석탑이에요. 탑의 받침이 되는 기단은 1단으로 좁고 얕게 했고 탑의 몸체 위에 놓이는 지붕돌은 얇고 넓게 하고 네 귀퉁이를 부드럽게 들어 올렸어요. 정림사지 5층 석탑은 목조 건물의 형식을 충실히 따르면서도, 안정감 있고 세련된 형태로 아름다움을 표현하여 우리나라 석탑 양식의 본보기가 되었답니다.

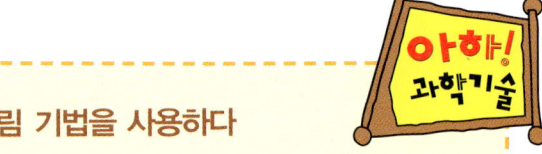
배흘림 기법을 사용하다

배흘림이란 기둥의 중간은 굵게 하고, 위아래로 가면서 점점 가늘게 만드는 방법이에요. 위아래의 굵기가 같은 원통형 기둥을 보면 기둥의 윗부분이 더 굵게 보이는 착시 현상이 일어나요. 배흘림은 이런 착시 현상을 바로잡기 위해 가운데 부분을 굵게 한 것이지요. 주로 목조 건축물에 사용하는 기법인데, 정림사지 5층 석탑을 만들 때에도 배흘림 기법을 사용했어요. 몸체의 각 층 모서리에 세워진 돌기둥을 위아래는 좁고 가운데는 볼록하게 해서 착시 현상을 줄였어요.

〈배흘림〉 기둥의 가운데를 굵게 하고 위아래로 가면서 점차 가늘게 하는 기법

주로 목조 건축물에 사용해요.

이 무도 배흘림?

149개의 돌을 잘 짜 맞추어 쌓아 올린 탑입니다.

배흘림 기법을 쓴 기둥

과학적인 목조 건축법을 이용해 만들었습죠~.

경천사 10층 석탑 (고려)

경천사는 경기도 개풍군 광덕면 부소산에 있던 절로, 고려 시대에 세워졌어요. 경천사 10층 석탑은 이 절에 있던 탑인데, 일제강점기에 일본이 가져갔다가 우리나라에 되돌려 주었어요. 지금은 국립중앙박물관에 소장되어 있지요. 경천사 10층 석탑의 모양은 마치 기와집을 차곡차곡 쌓아 올린 듯해요. 이 탑은 고려 후기에 몽골의 영향을 받아 만들어졌어요. 우리나라의 전통적인 탑이 보통 3, 5, 7, 9층의 홀수로 세워지는데 이 탑은 짝수인 10층(높이 13.5미터)으로 세워졌어요. 그리고 우리나라 석탑은 일반적으로 화강암으로 만드는 데 경천사 10층 석탑은 대리석으로 만들어졌답니다.

섬세하고 세밀하게 조각하다

경천사 10층 석탑은 매우 섬세하게 만들어졌어요. 꼭 나무를 조각한 것 같지요. 3단으로 된 기단은 위에서 보면 아(亞)자 모양이고, 그 위로 올려진 10층의 높은 몸체는 3층까지는 기단과 같은 아(亞)자 모양이었다가, 4층부터는 직사각형의 평면 모양이에요. 기단과 몸체에는 부처, 보살, 풀꽃무늬 등이 뛰어난 기술로 새겨져 있어 마치 훌륭한 조각품을 보는 듯해요. 4층부터는 각 몸돌마다 화려한 장식을 한 난간을 둘렀고, 지붕돌은 옆에서 보면 여덟 팔(八)자 모양인 팔작지붕 형태의 기와지붕 모양이에요.

황룡사 9층탑

지금의 기술로도 다시 만들어 내기 어려운

세계 최고의 우리 과학기술 03

이런 배를 만들었어요

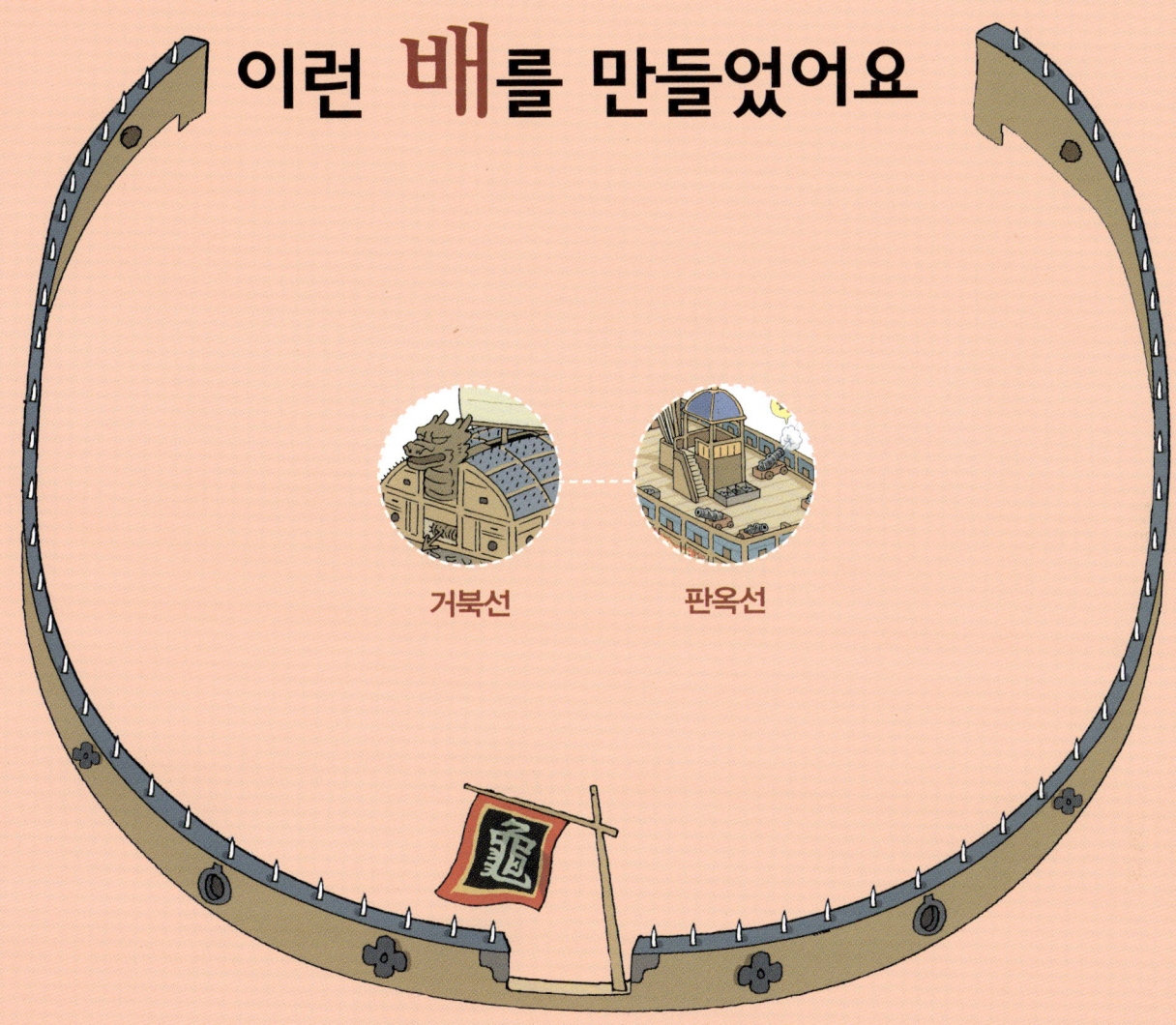

거북선 　 판옥선

우리나라는 조선업에서 세계 최고의 기술을 자랑하고 있어요.
얼음덩어리를 뚫고 항해하는 배, 가스 공급 기지 역할을 하는 배,
컨테이너 1만 개를 싣는 배 등 특별한 배를 세계 최초로
만들었어요. 이와 같은 기술은 오래전부터 배를 만들어 온
우리 조상들의 능력을 물려받았기 때문이에요.
우리 조상들은 배를 만드는 기술을 어떻게 발전시켜 왔을까요?

조선의 돌격용 군함, 거북선

조선 시대에 이순신 장군은 비밀 병기인 군함을 만들었어요.
왜군을 두려움에 떨게 한 거북선이 바로 그것이에요.

"장군님, 이제 곧 계획대로 귀선의 덮개를 씌울 것입니다."
"우리 수군과 조선공들, 그리고 자네가 고생이 많네."
1591년, 조선의 전라좌도수군절도사 이순신 장군과 나대용 군관이 한창 분주하게 배를 만드는 현장을 둘러보고 있었어요. 그곳은 가막만(지금의 여수 앞바다)의 북쪽 끝 지점에 있는 선소(배를 만들고 수리하는 곳)였지요. 수군과 조선공들이 만들고 있는 귀선은 바로 거북선이었지요.
"이 귀선이 완성되면 분명히 해전에서 큰 힘을 발휘할 거야!"
"물론입니다. 해전이 벌어지면 단연코 조선 수군의 승리로 이끌 무시무시한 비밀 병기가 될 것입니다."

'거북선',
감으로 멋지구나!

거북선의 구조

돛대 앞쪽과 뒤쪽에 2개 있었다. 바람의 힘으로 배를 움직일 때에 이 돛대에 돛을 달아 사용했다. 돛은 삼베나 면포를 달았다. 돛대는 세웠다 눕혔다 할 수 있었다.

배 위 배 위는 판자로 덮어 병사들을 보호하고 덮개 위에는 십(+)자로 길을 내어 사람이 겨우 다닐 수 있게 했다.

배 꼬리 거북 모양의 꼬리를 달았다.

용머리 배의 앞부분에는 용머리를 달았다. 용의 입을 통해 유황이나 염초를 태워 적의 시야를 흐리게 하기도 하고, 대포를 쏘기도 했다. 때로는 용머리를 떼고 포를 장착하여 발사할 수도 있었다.

대포 구멍 앞뒤와 좌우 모두 각각 6개씩 대포 구멍을 냈다. 이 구멍을 통해 대포뿐만 아니라 화약이 달린 화살을 쏘기도 했다.

방패 노를 젓거나 포를 쏘는 군사들을 적으로부터 보호하는 역할을 했다.

쇠못 배 위를 덮은 판자 위에는 뾰족한 쇠못을 꽂아 적군이 배에 기어오르는 것을 막았다.

노 좌우로 10개씩 있었다. 4~5명이 한 조를 이루어 노 하나를 저을 만큼 노의 크기가 컸다. 노를 젓는 군사의 수가 배에 탄 전체 인원의 절반 이상을 차지했다. 이는 거북선이 기동성을 필요로 하는 돌격선이기 때문이다.

무기고와 선실 아래층에는 화포·화살·창검을 두는 곳과 병사들이 쉬는 곳이 있었다.

출입문 병사들이 거북선 안으로 드나드는 문으로 앞뒤로 2개씩 있었다. 또 지붕인 덮개에도 4개의 비상문을 만들었다.

거북선 만드는 과정

❶ 배밑판 만들기

소나무, 비자나무, 굴피나무, 졸참나무, 상수리나무, 느티나무 등을 이용해, 나무 10장을 붙여 배밑판을 만든다.

❷ 삼판(외판) 붙이기

삼판(외판)은 배의 옆에 붙이는 판으로 좌우에 각각 7쪽을 붙인다. 재료로는 주로 소나무, 상수리나무, 졸참나무를 사용했다.

❸ 장쇠 끼우기

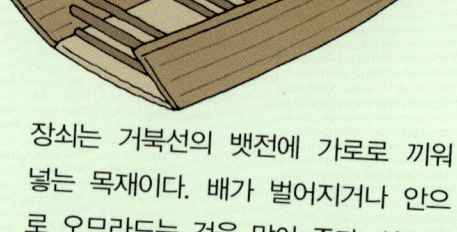

장쇠는 거북선의 뱃전에 가로로 끼워 넣는 목재이다. 배가 벌어지거나 안으로 오므라드는 것을 막아 준다. 상수리나무, 졸참나무, 가시나무 등을 재료로 사용했다.

❹ 멍에 설치하기

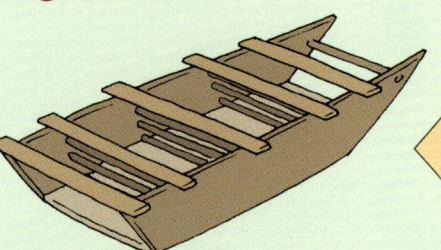

멍에는 뱃전 위를 가로질러 설치하는 목재로 배 위의 대들보 역할을 한다.

❺ 갑판 깔기

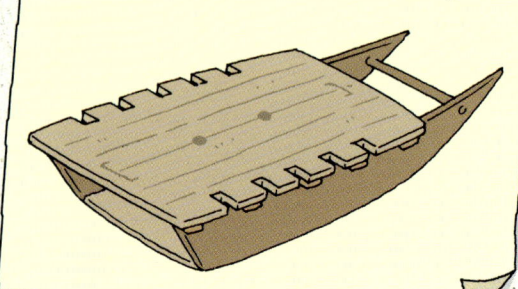

멍에를 밑받침으로 하여 갑판을 깐다.

❻ 방패판 만들기

좌우 난간을 따라 판자를 깔고 그 둘레에 방패막이가 되는 판을 설치한다. 방패판 사이에 대포 구멍도 뚫어 놓는다. 소나무, 상수리나무, 졸참나무 등을 재료로 사용했다.

⑪ 돛대 만들기

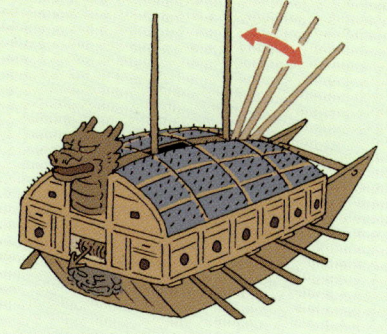

돛대를 앞뒤로 2개 세울 수 있도록 만들었다. 돛대는 세웠다 눕히기를 마음대로 할 수 있게 했다.

⑫ 돛 달기

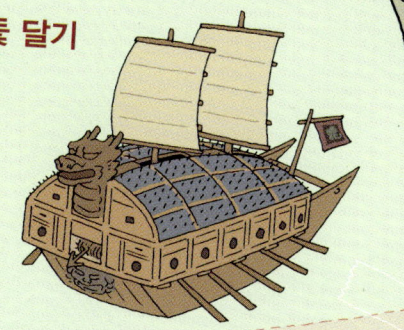

삼베나 면포로 돛을 만들어 돛대에 설치한다.

⑩ 쇠못 박기

사람이 다니는 좁은 길 외에는 개판 위에 모두 뾰족한 쇠못을 박아 적군이 발을 들여놓지 못하게 했다.

⑨ 개판 씌우기

적군이 갑판 위로 넘어오지 못하도록 덮개를 만들었다. 이를 '개판'이라고 부르는데 그 위로 사람이 겨우 다닐 수 있도록 십자 형태의 좁은 길을 만들어 두었다.

⑦ 이물에 용머리 설치하기

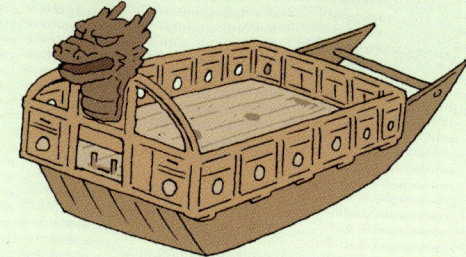

이물은 배의 앞부분을 말하며 '선수'라고도 한다. 가로 널빤지를 특별히 들락거릴 수 있게 설계했다.

⑧ 노와 대포 설치하기

배의 좌우로 노를 끼운다. 대포 구멍에 맞춰 대포를 설치한다.

무시무시한 화력을 자랑하는 거북선의 무기

대장군전
천자총통을 이용하여 발사하는 크고 긴 화살로 길이는 3.6미터예요.

천자총통
총통은 불씨를 손으로 점화하여 발사하는 화포를 말해요. 천자총통, 지자총통, 현자총통, 황자총통은 크기에 따라 천자문 순서로 이름을 붙인 것이에요. 천자총통은 임진왜란 당시 사용된 화포 가운데 가장 큰 무기로, 사정거리가 500미터가 넘었어요.

승자총통
가까운 거리에서 전투를 벌일 때 작은 철환이나 화살을 넣고 쏘는 무기로 개인 소총과 비슷해요.

지자총통
천자총통 다음으로 큰 화포로, 큰 화살이나 탄환을 넣어 사용했어요. 사정거리는 350미터가 넘었어요.

현자총통과 황자총통
작은 화살을 쏘는 화포로 사정거리는 약 400~500미터예요.

비격진천뢰
쇳조각과 화약을 넣어 만든 대포알로 일종의 시한폭탄이에요.

거북선의 특징

전후좌우 종횡무진, 자유롭게 움직이다

거북선은 판옥선을 개조하여 만든 배였어요. 배의 밑바닥을 평평하게 만들어 배 밑이 바닥에 닿는 경우가 거의 없었고, 암초에 쉽게 걸리지도 않았어요. 또한 바닥이 평평하기 때문에 물의 저항을 적게 받아 방향을 바꾸기도 쉽고, 배를 돌릴 때 회전 반경이 작아 움직임이 자유로웠지요. 만약 한쪽의 대포가 너무 뜨거워서 잠시 사용할 수 없을 때에는 360도 회전해서 반대쪽에 있는 대포로 다시 쏠 수 있었어요.

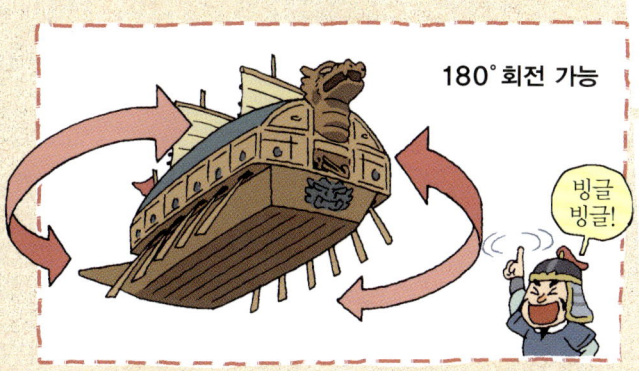

역풍이 불거나 썰물 때에도 마음대로 움직이다

거북선은 노와 돛을 함께 사용해 전투할 때 기동성을 최대한 발휘할 수 있었어요. 돛대를 세우고 눕히기가 쉽고 자유로워서 배가 가는 반대쪽으로 역풍이 불거나 썰물 때가 되더라도 자유롭게 움직일 수 있었어요.

안에서는 밖을 볼 수 있지만 밖에서는 배 안을 볼 수 없다

거북선은 배의 높이가 높고 덮개까지 씌워 밖에서는 배 안을 들여다볼 수 없었어요. 그래서 적군은 거북선이 어디로 이동하려는지, 어떤 공격을 준비하고 있는지 전혀 짐작할 수 없었지요. 하지만 안에서는 밖을 볼 수 있어서 마음대로 이동할 수 있었답니다.

나무못을 사용하여 충격에 잘 견디다

거북선은 나무못으로 중요한 부분을 고정시켰어요. 나무못은 이음새 부분을 더욱 단단하게 해 주고, 쇠못처럼 쉽게 녹슬지 않고 오래 쓸 수 있었어요. 하지만 쇠못을 사용한 왜선은 강한 충격에 못이 부러지면 배가 저절로 부서지는 구조였어요.

사방에서 공격할 수 있다

거북선은 배의 양옆뿐 아니라 앞뒤에서도 대포를 쏠 수 있게 만들어져 사방으로 공격할 수 있었어요. 적의 배가 가까이 왔을 때에는 등, 옆, 머리에서 사격할 수 있어 적을 당황하게 만들었지요.

등에 쇠못을 박아 왜군이 배에 오르지 못하게 하다

당시의 해전은 모두 백병전, 즉 배를 맞붙여서 적의 배에 올라가 싸우는 전투였어요. 당시 조선군은 상대적으로 긴 칼을 쓰는 왜군과 백병전을 하면 불리했어요. 그래서 왜군이 함부로 거북선에 올라타지 못하도록 덮개를 덮고, 그 위에 쇠못을 박은 거예요.

튼튼한 나무를 사용하다

거북선의 주요 재료는 소나무로 당시 왜선에 주로 사용한 삼나무나 전나무에 비해 튼튼했어요. 더구나 그 두께가 왜선보다 더 두꺼웠기 때문에 거북선과 충돌하면 당연히 왜군의 배만 부서졌지요.

반짝질문 이순신 장군이 만들기 전에도 거북선이 있었을까?

거북선은 이순신 장군이 만든 때보다, 약 200년 전에 이미 만들어졌어요. 《조선왕조실록》의 태종실록에는 1413년(태종 13년) "왕이 임진강 나루를 지나다가 거북선과 왜선으로 꾸민 배가 해전 연습을 하는 모습을 보았다."라는 구절이 있어요. 또한 1415년(태종 15년)에는 탁신이라는 문신이 "거북선의 전법으로 싸우면 많은 적과 충돌하더라도 적이 우리를 해칠 수 없으니, 거듭 정교하게 만들어 승리의 도구로 갖추어야 한다."는 상소를 올렸다는 기록도 있지요. 이후 기록으로만 전하던 것을 이순신 장군이 되살린 것이에요.

조선의 싸움배, 판옥선

임진왜란 때 거북선 못지않게 활약한 배가 있어요.
속도가 빠르면서도 잘 부서지지 않는 싸움배, 판옥선이었어요.

임진왜란 때 크게 활약한 거북선은 함대의 선두를 이끄는 돌격용 군함이었어요. 이에 비해 전투에서 주된 역할을 하는 싸움배는 판옥선이었지요. 싸움배는 적의 군함을 물리쳐 나라를 지켜야 하는 큰 임무를 띠고 있었어요. 그래서 속도가 빨라야 했고, 배의 구조가 무기를 갖추고 활용하기에 편리해야 했어요. 또한 적군의 배와 부딪쳐도 부서지지 않을 정도로 튼튼해야 했어요. 이런 목적에 따라 만들어진 조선의 싸움배가 바로 판옥선이에요. 갑판 위에 다시 갑판을 만들어 2층으로 하고 그 위에 장대(사령탑)를 설치했어요. 세계적으로 유례가 없는, 여러 층으로 이루어진 전투함이었지요.

판옥선은 언제 만들어졌을까요?

판옥선은 대략 조선 중종 말~명종 초에 걸쳐 개발된 것으로 짐작해요. 《조선왕조실록》을 보면 1555년(명종 10년) 9월 16일 한강에서 새로 만든 전선을 시험했다는 기록이 있어요. 대부분의 학자들은 이 전선이 판옥선이라고 생각해요. 명종 12년의 기록에 판옥선이라는 이름이 처음 등장하기 때문이지요. 일부 학자들은 《호남동순록》이라는 역사 기록을 근거로, 판옥선을 개발한 사람이 정걸 장군이라고 주장해요.

아하! 그땐 이런 과학기술이 있었군요 37

우리나라의 해안 지형에 맞춰 바닥을 평평하게 만들다

판옥선은 우리 지형에 맞게 바닥이 평평했어요. 반면에 왜선은 배 밑이 뾰족했지요. 판옥선이 주로 활약한 서남해안은 섬이 많고 갯벌이 넓으며 조수 간만의 차가 심했어요. 그래서 물속에 깊이 잠기는 왜선은 뱃머리를 돌릴 때나 썰물 때가 되면 배 밑이 바닥에 닿거나 암초에 걸려 앞으로 나아가지 못했지요. 그렇지만 판옥선은 바닥이 평평하기 때문에 그럴 리가 없었어요. 또한 회전 반경이 작아 기동력이 매우 뛰어났어요.

배는 이렇게 발전했어요

❶ 선사 시대 사람들은 처음에는 쉽게 구할 수 있는 통나무에 올라타서 손으로 물을 젓거나, 동물의 뼈나 나무로 만든 노로 저었을 거예요.

❷ 그러다가 여러 개의 통나무를 엮어 뗏목을 만들어 탔어요.

❸ 더 편리하고, 안전하며, 쓰임새 있는 배를 만들려고 노력한 끝에 널빤지를 이어 붙여서 튼튼하고 안정적인 배를 만들었어요.

배의 종류

배의 종류는 매우 다양해요. 크기에 따라, 쓰임새에 따라 갖가지 배가 생겨났지요.

강 배
길이에 비해 폭이 좁고 높이가 낮으며 밑바닥이 넓고 평평하다.

바다 배
배가 크며 높이도 높고 배 바닥은 아래로 내려갈수록 좁다.

나룻배
강을 건널 때 이용하며, 보통 노를 저어 이동한다. 사람이나 가축, 물건 등을 실어 나른다.

싸움배
전투할 때 이용하며, 정교하고 튼튼하다. 거북선이나 판옥선 등이 있다.

무역선
많은 짐을 실어 나르는 무역선은 먼 바다를 건너 다른 나라와 교역을 할 때 이용된다.

고기잡이배
큰 강이나 바다로 나가 고기를 잡을 때 이용된다.

우리 지형에 맞게 발전한 한선

※ 간조 : 바닷물이 빠져나가 해수면이 가장 낮은 상태
※ 만조 : 밀물이 가장 높은 해면까지 들어오는 현상

세계 최고의 우리 과학기술 04

이렇게 집을 지었어요

기와집　초가집

우리 조상들은 신석기 시대에 처음으로 집을 지었어요. 땅을 파서 바닥을 다지고,
그 위에 기둥을 세우고 나뭇가지나 갈대로 지붕을 엮어 만든 움집이었지요.
그러다가 흙과 돌, 나무 등 주변에서 쉽게 구할 수 있는 것을 재료로 삼아,
볕이 잘 들고 바람이 잘 통하는 땅 위에 집을 짓고 살았어요.
우리 조상들은 오랜 세월을 거치면서 우리 생활과 자연환경에 맞는 집을 지어 왔답니다.
우리 조상들은 어떤 집을 지었을까요?
어떻게 집을 짓고, 어떤 기술을 발휘했을까요?

살림이 넉넉한 사람들이 살던 기와집

자연환경과 조화를 이루는 곳에 우아한 기와지붕을 인 집이 지어졌어요.
바로 전통 가옥의 멋을 잘 살린 기와집이에요.

1860년대에, 뒤로는 남산이 감싸고 앞으로는 청계천이 흐르는 서울의 한 마을(지금의 서울 중구 삼각동)에 집 한 채가 지어지고 있었어요.

'그리 화려하지도 않으면서 그렇다고 초라하지도 않게, 우리 전통 가옥의 특성과 장점을 살려서 독특한 집을 지어야지.'

당시에 집 잘 짓기로 이름난 도편수 이승업이 집을 짓고 있었지요. 도편수는 목수의 우두머리로, 집을 지을 때 책임을 맡아 모든 일을 지휘하는 사람이에요. 이승업은 흥선 대원군이 경복궁을 다시 지을 때에도 도편수로 큰 역할을 담당했어요.

이승업의 집이 어떤 과정을 거쳐서 지어졌는지 알아볼까요?

기와집 만드는 과정

※ **서까래** : 삼각형의 지붕 뼈대에서 빗변 방향으로 놓는 목재
※ **암톨쩌귀** : 구멍이 뚫린 돌쩌귀
※ **수톨쩌귀** : 뾰족한 촉이 달린 돌쩌귀

❶ 집터 잡기
집의 방위와 지형을 볼 줄 아는 사람과 함께 집터를 고르고 잡는다.

❷ 터 닦기
집주인이 집의 모양과 크기를 결정하면 집터를 평평하게 한다.

❸ 기단 만들기
건물을 세울 자리에 기단을 쌓고 안쪽에 흙을 메워, 건물이 들어설 곳을 마당보다 높게 쌓는다.

❹ 기둥 자리 다지고 주춧돌 박기
기둥 세울 자리를 단단히 다진 다음, 기둥을 세울 자리에 주춧돌을 박는다.

❺ 기둥 세우기
나무를 잘 다듬어 매끈하게 만든 기둥을 주춧돌 위에 딱 들어맞게 세운다.

❻ 뼈대 만들기
기둥 사이에 목재를 연결해서 기둥이 쓰러지지 않도록 하고, 그 위에 지붕의 뼈대를 만든다.

❼ 기와 만들기
지붕에 얹을 기와를 만든다. '와공'이라고 부르는, 기와를 다루는 기술자들이 따로 있었다.

❽ 지붕 얹기
서까래를 걸고 수수깡이나 잔가지를 엮어 덮은 다음 흙을 올리고 그 위로 기와를 얹는다.

❾ 벽과 바닥 만들기
창이나 문이 들어갈 자리에 '문설주'라는 기둥을 미리 세워 둔 다음 벽을 만든다. 그리고 온돌을 놓은 다음 방의 바닥을 깔고 나무 널빤지로 마룻바닥을 깐다.

❿ 문과 창문 달기
문설주에는 암톨쩌귀, 문에는 수톨쩌귀를 박는다. 두 돌쩌귀를 맞추면서 문설주에 문을 단다. 창문도 같은 방식으로 단다.

⓫ 집들이
집이 완성되면 동네 사람들을 불러 고사를 지내고 잔치를 벌인다. 이를 '집들이'라고 한다.

아하! 그땐 이런 과학기술이 있었군요

기와집의 특징

과학적 현상을 이용해 마루를 만들다

마루는 앞으로는 뚫려 있고, 뒤로는 그리 크지 않은 문을 내어, 미세한 바람의 움직임에도 늘 바람이 생기도록 설계되었어요. 이는 '베르누이의 정리'라는 과학적 현상을 이용한 것이에요. 즉, 공기나 액체와 같은 유체(흐르는 물체)가 넓은 곳에서 좁은 곳으로 이동하면 속력이 빨라지고 압력은 낮아져 시원해지는 현상을 이용한 거예요.

기단이 습기를 막아 주다

우리 조상들은 집터를 반듯하게 다듬은 다음, 집터보다 한층 높게 돌이나 흙으로 단단하게 단을 쌓고, 그 위에 집을 지었어요. 이를 '기단'이라고 불러요. 기단은 땅에서 습기가 올라와 바닥이 눅눅해지거나 집이 내려앉는 것을 막아 주었어요.

처마가 비를 막고 햇볕을 조절해 주다

지붕에서 건물의 바깥쪽으로 돌출된 부분을 '처마'라고 해요. 처마는 비가 들이치는 것을 막아 주고 햇볕도 조절해 주었어요. 여름에는 해가 높이 뜨기 때문에 처마가 해를 가려 주어 집을 시원하게 해 주고, 겨울에는 해가 낮게 뜨기 때문에 처마가 있어도 볕이 방 안까지 들어 따뜻했어요. 그리고 처마의 끝을 하늘을 향해 살짝 들어 올린 듯 곡선으로 처리해서, 무거운 지붕을 날렵하고 아름답게 보이게 했어요.

공포가 처마 끝의 무게를 기둥이나 벽으로 전해 주다

지붕은 기와, 기와를 이기 위해 사용되는 목재인 서까래와 흙으로 이루어져 있어요. 기와도 무거운데 서까래와 흙의 무게까지 합치면 전체 무게는 굉장히 무겁겠지요. 이러한 무게를 지탱하기 위해 길게 처마를 두어 지붕의 무게가 갈라져 흩어지게 했어요. 그리고 처마 끝에 '공포'를 만들었어요. 공포는 처마 끝의 무게를 기둥이나 벽으로 전달하기 위해 기둥 위에서부터 대들보의 아래까지 짧은 목재를 여러 개 겹쳐서 짜 맞추어 놓은 것이에요. 공포는 매우 정교해서 건축물을 아름답게 보이는 장식적인 기능도 해요.

필요에 따라 공간을 사용할 수 있다

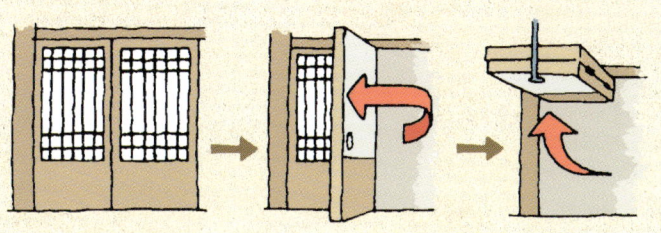

기와집은 방을 다양하게 활용할 수 있는 구조로 되어 있어요. 방과 마루 사이에 있는 문은 네 짝으로 이루어진 분합문으로 만들었어요. 분합문을 접어 올려서 '들쇠'라는 곳에 걸면 공간을 넓게 쓸 수 있었어요. 내려 닫으면 벽과 같은 구실을 하게 할 수도 있었지요.

자연 친화적인 재료를 사용하다

기와집을 지을 때에는 나무, 황토, 돌, 짚, 한지, 콩기름 등 자연에서 얻은 재료를 사용했어요. 특히 방바닥이나 벽에 황토를 바르며 사람들의 건강에 이로워요. 또한 주변의 재료를 재활용해서 사용할 수 있고, 에너지를 적게 소비하기 때문에 환경 보호에도 좋답니다.

고유의 난방 장치, 온돌을 사용하다

온돌은 고대부터 우리 조상들이 개발해 온 고유의 난방 장치예요. 아궁이에서 불을 때면 뜨거운 불기운이 방 밑의 '고래'라는 공간으로 이동하고(대류 현상) 그곳에 있는 '구들'이라는 돌을 달구어(열의 전도) 열을 내보내(열의 복사) 난방을 하는 것이지요. 온돌은 전도, 복사, 대류 현상 등 열의 전달 방법을 적절하게 이용한 난방 장치로, 우리 조상들의 뛰어난 열 보존 기술을 잘 보여 준답니다.

★ 온돌의 우수한 열 보존력

❶ 열이 굴뚝을 통해 빠져나가기 전까지 구들에 오랫동안 머물러 있기 때문에 한번 더워지면 잘 식지 않는다.

❷ 구들장의 재료가 되는 돌을 열이나 전기가 잘 통하지 않는 절연체로 사용하여, 뜨거운 열기를 한꺼번에 방 안으로 내뱉지 않고 오랫동안 온기를 유지시킨다.

❸ 난방 외에 아궁이에서 밥을 짓거나 음식을 만드는 일도 함께 할 수 있어 에너지의 효율이 높고 경제적이다.

❹ 아궁이에 가까운 아랫목과 먼 윗목에 사용한 구들장의 두께를 다르게 했다. 아랫목의 구들장은 두껍게 해서 천천히 가열되지만, 많은 열을 저장할 수 있게 했다. 반면에 윗목의 구들장은 얇게 해서 빨리 가열되도록 하여 아랫목과 윗목의 온도 차이를 줄였다. 그래서 아궁이에서 열 공급을 중단하더라도 아랫목에 저장된 열이 점점 빠져나가면서 윗목의 구들장도 천천히 식는다.

한국의 전통 건축 양식으로 지은 한옥

우리 조상들이 지은 집을 한옥이라고 불러요. 한옥이란 원래는 초가집이나 기와집 등 우리 민족이 오랜 세월 동안 지어 온 전통 건축 양식의 모든 집을 뜻해요. 하지만 요즘에는 기와지붕을 이고 목재를 주로 사용해 만든 집을 한옥이라고 말해요.

한옥의 종류

사회적 지위와 경제적 여유가 있는 사람들이 살던 상류 주택

한옥은 크게 '상류 주택'과 '민가'로 구분해요. 상류 주택에는 사회적 지위와 경제적 여유가 있는 사람들이 살았어요. 상류 주택은 밖에서 가족의 생활이 보이지 않도록 집 안의 건물과 공간을 높은 담장으로 가리고, 솟을대문이나 화려한 담을 세워 위엄을 드러냈어요. 여러 채의 건물이 있었고, 각 건물은 담과 문으로 구분했는데 주인과 하인이 사는 곳, 남자와 여자가 사는 곳이 따로 나뉘어 있었어요. 지붕은 기와로 올렸지요.

일반 서민들이 살던 민가

민가란 '백성의 집'이라는 뜻이지만 일반적으로 서민들이 살던 집을 가리켜요. 민가는 지형, 기후, 집주인의 경제 상태에 따라 규모와 건물의 배치 방식이 달랐어요. 하지만 대부분 방과 마루, 부엌으로 구성된 단순한 구조였어요. 살림을 하는 살림채와 곡식이나 가축을 기르던 부속 건물인 부속채가 분리되어 있었어요. 초가지붕은 민가를 상징할 정도로 가장 흔히 쓰인 지붕 형태예요.

아하! 그땐 이런 과학기술이 있었군요

서민들이 살던 초가집

서민들은 주로 초가집에 살았어요. 갈대, 억새, 볏짚 등을 엮어 지붕을 덮은 소박한 집이었지요.

반짝질문
양반도 초가집에 살았을까?

신분이 조금 낮은 평민이라도 돈이 많으면 상류층 못지않은, 규모가 큰 기와지붕의 한옥에서 살았어요. 양반과 같은 상류층 가운데도 돈이 없거나 검소한 선비 정신을 중요하게 여긴 사람들은 소박한 초가지붕의 민가에서 살기도 했어요.

누추하죠?

초가집은 주로 서민들이 살던 집이에요. 지붕을 풀과 같은 식물로 엮어서 덮었기 때문에 초가집이라고 불렸지요. 지붕의 재료로는 갈대나 억새, 그리고 벼를 추수하고 남은 볏짚 등을 사용했어요. 소나무를 다듬어 기둥을 세우고, 기둥머리에서 가로 세로 방향으로 나무를 엮어 뼈대를 만들고, 그 위에 경사지게 지붕을 얹은 다음 기둥 사이에 진흙을 발라 벽을 만들어 집을 완성했지요. 기와집처럼 규모가 크거나 모양이 화려하지는 않지만, 초가집에도 우리 조상들의 슬기로운 과학기술이 담겨 있답니다.

진흙을 만들어 바르고……

질퍽 질퍽

갈대나 볏짚을 엮어 지붕을 덮죠.

초가집의 특징

흙벽이 공기를 깨끗하게 하고 습도를 조절하다

흙벽은 짚이나 수수깡을 넣고 진흙을 개어 만들어요. 흙벽은 벽돌처럼 다지거나 굽지 않았기 때문에, 우리 눈에는 보이지 않지만 작은 공기구멍이 나 있어요. 이 구멍으로 신선한 공기가 들어와서 방 안의 공기를 깨끗하게 해 주지요. 벽은 두껍게 만들었기 때문에 찬바람이 집으로 들어오는 것을 막아 주는 한편, 낮에 들어오는 태양열을 받아들였다가 저녁에 방 안으로 내뿜는 역할도 해요. 또한 창호지로 만든 문과 함께 저절로 습도를 조절하는 기능을 해서 실내를 쾌적하게 만들어 주지요.

짚으로 만든 지붕이 단열재 역할을 하다

초가지붕을 이은 짚은 단열재와 같은 역할을 하기 때문에 우리나라처럼 여름이 덥고 겨울이 추운 자연 환경에 잘 맞는 재료예요. 단열재는 보온을 하거나 열을 차단하기 위해 쓰는 건축 재료를 말해요. 짚은 바로 이런 단열재의 성질을 갖고 있어서 여름에는 열을 전달하지 않아 집을 시원하게 해 주고, 겨울에는 열을 보호해서 따뜻하게 해 주지요. 또 짚은 가볍기 때문에 기둥에 힘을 가하지 않고, 비가 오거나 눈이 녹아도 짚의 결을 따라 흘러내리기 때문에 지붕에 비나 눈이 새지 않지요.

아하! 만화

조선 시대 상류 주택을 대표하는

선교장

조선 후기, 강릉의 경포대 부근에

효령 대군(세종 대왕의 형)의 11대손인 이내번이 살았어요.

원래 이내번은 전주에서 살았는데 집안이 어려워지자 강릉으로 이사를 왔어요.

이내번은 재산이 늘자 좀 더 넓은 집으로 이사를 가려고, 집터를 찾아 길을 나섰어요.

어느 날, 이내번은

족제비 떼가 서북쪽으로 이동하는 모습을 보았어요.

이내번은 신기해서 그 족제비 떼를 따라갔어요.

족제비들이 있던 숲속은 뒤로는 그리 높지 않은 산줄기가 평온하게 둘러쳐 있고

앞으로는 얕은 내가 흐르고

그 뒤로 아름다운 호수가 펼쳐져 있고……

이내번은 그곳에 주변의 풍경과 조화를 이루는 집을 지었어요.

그 뒤 이내번의 손자인 이후가 수백 평의 연못을 만들고 그 위에 '활래정'이라는 정자를 지었어요.

이 집은 이내번의 집안사람들이 10대에 걸쳐 살면서 건물 10동에 120여 칸으로 규모가 커졌어요.

이 집을 '선교장'이라고 불러요. 선교장은 조선 시대 상류 주택을 대표하는 집이 되었어요.

세계 최고의 우리 과학기술 05

이런 건축물도 지었어요

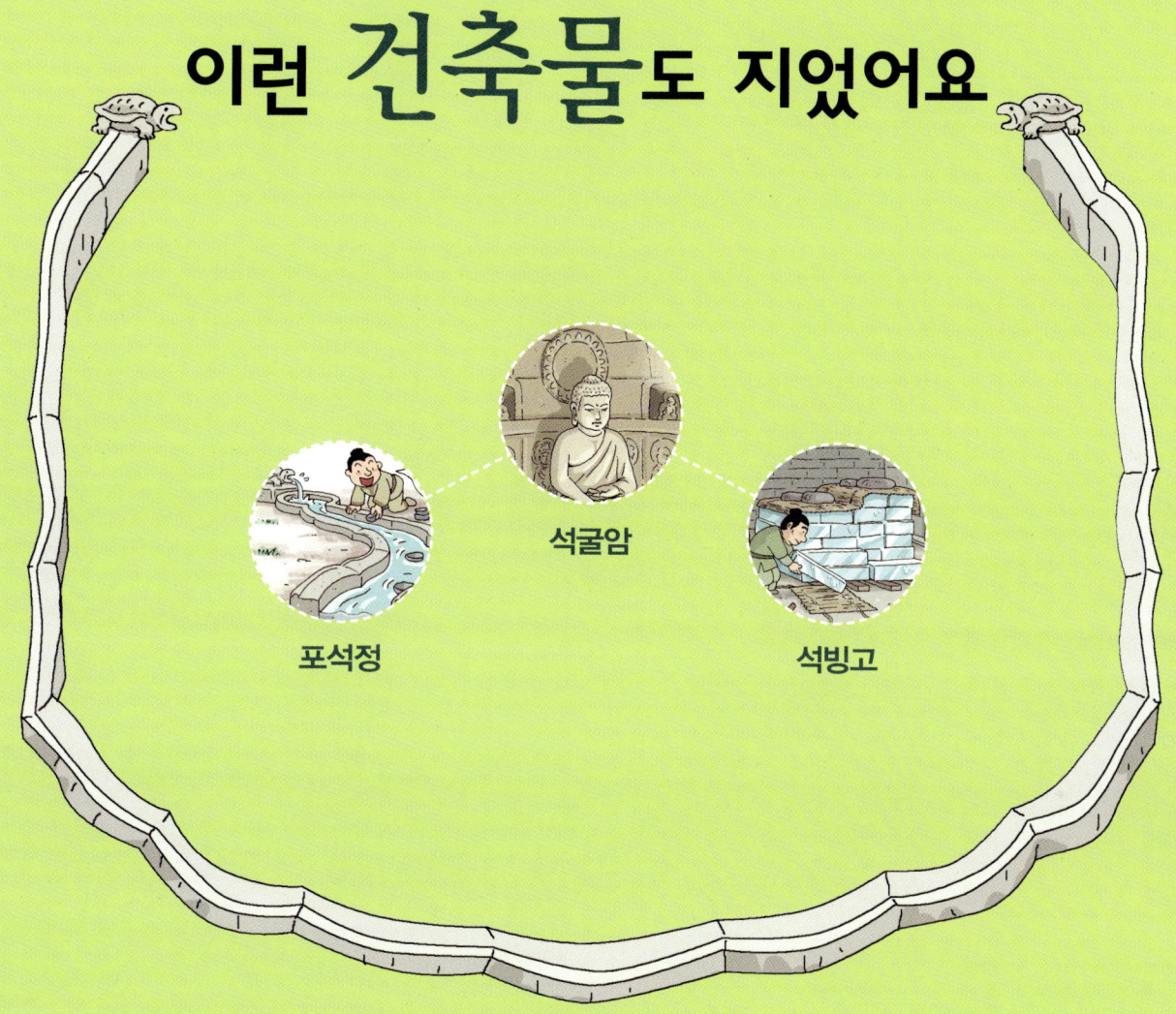

포석정 석굴암 석빙고

예로부터 우리 조상들은 나무, 돌 등 주변에서
쉽게 구할 수 있는 재료를 가지고 자연환경에 어울리는 아름답고도
실속 있는 건축물을 지었어요. 그리고 이웃 나라인 중국이나 일본과는 다른
우리 민족 고유의 건축 구조와 양식을 발달시켰지요.
우리 조상들의 뛰어난 과학기술이 돋보이는
건축물로는 어떤 것이 있을까요? 그리고 어떤 과학기술이 담겨 있을까요?

 # 신라 사람들이 풍류를 즐기던 포석정

물결을 따라 흘러가던 술잔이 빙글빙글 돌기도 하고 멈추기도 했어요.
바로 포석정의 수로에서 일어난 일이에요.

　879년경, 신라의 제49대 임금인 헌강왕이 경주 남산 기슭의 별궁 근처에서 신하들에게 향연을 베풀고 있었어요. 갑자기 헌강왕이 나지막한 목소리로 모든 사람들에게 조용히 하라는 명령을 내렸어요.
　산신령이 나타나 헌강왕 앞에서 춤을 추었는데 신하들의 눈에는 보이지

않았지요. 산신령이 돌아가자, 헌강왕은 산신령이 춤추던 모습을 흉내 내면서 덩실덩실 춤을 추었어요. 헌강왕은 그렇게 한바탕 신나게 신하들과 어울렸어요. 그리고 나서, 홈을 파서 구불구불하게 만든 수로에 술잔을 띄워 보내, 술잔이 닿는 곳에 앉아 있는 사람이 시를 짓는 놀이를 했어요. 시를 짓지 못하는 사람은 벌칙으로 술을 석 잔 연거푸 마셔야 했지요.

술잔은 물결을 따라 흘러갔는데, 신기하게도 어느 곳에서는 느릿느릿 흐르고, 어느 곳에서는 빠르게 흐르다가, 사람들이 앉은 자리 앞에서는 빙글빙글 돌면서 잠시 흐름을 멈추었어요. 현재 이 수로는 포석정 터에 남아 있어요.

포석정과 유상곡수 놀이

중국에서 전해진 세시 풍속 가운데 음력 3월 3일(삼월 삼짇날)에 사람들이 둘러앉아 흐르는 물에 술잔을 띄워 술잔이 닿는 대로 시를 짓고 술을 마시는 놀이가 있어요. 이를 '구불구불한 물길에 술잔을 흘려보낸다.'라는 뜻의 '유상곡수'라는 말을 써서 '유상곡수 놀이'라고 해요. 포석정의 수로에서 바로 이런 놀이를 했어요. 중국과 일본에도 포석정 같은 유적이 많이 남아 있지만 어느 자리에서 술잔을 띄우든 다른 술잔과 부딪치지 않고 흘러가다 한곳에서 맴돌 수 있는 것은 포석정뿐이라고 해요.

 ### 물을 받아 내뿜는 돌거북

지금은 사라지고 없지만, 당시에는 포석정 수로에 돌거북이 있었어요. 돌거북이 산에서 내려오는 물을 받아 내뿜으면, 돌로 오목하게 홈을 파서 만든 둥근 모양의 그릇에 이 물을 받았어요. 그릇은 좁은 물길을 따라 둥둥 떠내려갔지요.

 ### 포석정 터는 무엇을 하던 곳이었을까?

포석정은 통일 신라 시대에 만들어진 것으로 짐작해요. 지금은 정자는 사라지고 수로만 남아 있지요. 포석정 터는 임금이 행차해서 머물던 별궁이 있던 곳, 젊은 화랑들이 풍류를 즐기며 학문을 배우던 곳, 신라 왕실의 휴양지 등으로 알려져 왔어요. 그런데 《화랑세기》 필사본에는 포석정이 '포석사'라고 표현되어 있고, 포석정에서 남쪽으로 50미터 정도 떨어진 곳에서 유물이 발굴되었는데, 그중에는 제사에 사용한 것으로 보이는 그릇도 있었어요. 이것을 보면 포석정은 조상신에게 제사를 지내던 사당이었을 가능성도 있답니다.

포석정 수로의 특징

소용돌이 현상이 일어나도록 설계하다

흐르는 물의 속도와 방향을 급격히 바꾸면 속도와 방향이 서로 다른 물의 흐름이 부딪치면서 갖가지 새로운 물의 흐름이 만들어져요. 물이 팽이처럼 한 곳에서 회전하는 소용돌이도 만들어진답니다. 이렇게 물이나 공기의 흐름에 거슬러 회전하는 소용돌이 현상을 '와류'라고 해요. 포석정의 수로는 이런 소용돌이 현상이 일어나도록 만들었어요.

유체 역학을 알다

포석정의 수로 안에서 여러 다양한 물의 흐름이 만들어지고, 술잔을 물에 띄웠을 때 술잔이 빙글빙글 돌기도 하고, 일정한 지점에 머무르거나 갇히는 현상이 일어나는 것은 그렇게 되도록 수로를 설계했기 때문이에요. 기체, 액체 등 흐르는 물체의 운동을 다루는 물리학의 한 분야를 '유체 역학'이라고 해요. 우리 조상들은 이미 천 년보다 훨씬 전에 유체 역학에 대한 깊은 지식을 가지고 있었고, 그 지식을 응용해서 특별한 구조물을 만드는 기술을 지녔던 거예요.

화강암으로 만든 신라의 석굴암

통일 신라 시대에 경주 토함산 중턱을 깎아 석굴을 만들었어요.
바로 뛰어난 건축술을 자랑하는 석굴암이에요.

석굴암은 불국사와 함께 통일 신라를 대표하는 절이에요. 751년(경덕왕 10년)에 당시 재상이던 김대성이 만들기 시작해서 774년(혜공왕 10년)에 완성되었어요.

석굴암은 건립 당시에는 '석불사'라고 불렸어요. 경주의 토함산 중턱을 깎아 백색의 화강암을 이용해서 석굴을 만들었지요. 내부 공간에는 본존불인 석가여래불상을 중심으로 총 40구의 불상을 조각해 놓았는데, 지금은 38구만 남아 있어요.

석굴암은 뛰어난 건축술, 수리와 도형에 대한 수학의 이해, 아름다운 조각 등이 한 데 어우러진 독특한 양식의 석굴이에요.

석굴암의 특징

🪵 한 치의 오차도 없다

석굴암은 아주 단단한 화강암을 한 치의 오차도 없이 정확한 계산에 따라 자르고 다듬고 조각한 다음에 조립해서 만든 석굴이에요. 아마도 수준 높은 건축 기술과 정확한 측량술이 없었다면 만들 수 없었을 거예요.

🪵 착시 현상을 헤아려 광배를 만들다

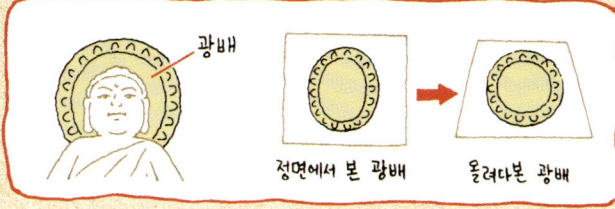

석굴암 주실(원형으로 된 공간)에 있는 본존불(석가여래불상)의 머리 뒤로 원 모양의 장식이 있는데, 이것을 '광배'라고 해요. 이 광배는 약간 길쭉한 타원형이에요. 물체를 아래에서 위로 올려다보면 실제보다 짧아 보여요. 이 점을 고려해, 광배를 약간 길쭉한 타원형으로 만들어 참배자가 광배를 올려다보았을 때 둥근 원 모양으로 보이게 했어요.

🪵 힘의 균형을 이루게 하여 천장을 쌓다

석굴암 주실의 천장은 공을 반으로 나눈 반구 모양이에요. 석굴암 주실의 천장을 만들 때 2미터의 길쭉한 돌을 바깥쪽에서 빙 둘러가며 판판한 네모 모양의 돌 사이에 수평으로 끼워 넣었어요. 이렇게 끼워 넣은 돌은 둥글게 쌓아 올린 돌을 받치거나 눌러 주어, 천장이 무너지지 않게 버티는 역할을 했어요.

이 기다란 돌들이 석굴암 천장을 지탱하는 데 큰 역할을 합니다.

🪵 바닥이 거울처럼 빛을 반사하다

석굴암은 반사광을 이용해 조명을 해결했어요. 이런 자연 조명 효과는 습기를 줄여 주고 보는 사람에게 빛에 의한 착시 현상을 일으켜 석굴의 여러 조각상의 모습을 더욱 두드러지게 하거나 입체적인 부분을 강조해 주었어요. 그래서 더욱 은은하고도 신비로운 분위기가 석굴 안에 흐른답니다.

 # 얼음을 보관하던 창고, 석빙고

냉장고가 없던 옛날에도 한여름에 얼음을 먹을 수 있었어요.
얼음을 보관하는 석빙고가 있었기 때문이에요.

경주 석빙고

경주 석빙고는 얼음을 넣어 두던 창고로 경주 반월성 안의 북쪽 성루 위에 있었어요. 남쪽의 출입구로 들어가면 계단을 통해 밑으로 내려가게 되어 있고, 안으로 들어갈수록 바닥이 경사가 져서 물이 빠져나가도록 했지요. 지붕은 반원형이고, 세 곳에 환기통을 두어 바깥 공기와 통하게 했어요. 석비와 입구의 이맛돌에는 1738년(영조 14년)에 조명겸이 나무로 된 빙고를 돌로 쌓아 만들었다는 내용과 4년 뒤에 서쪽에서 지금의 위치로 옮겼다는 내용이 남아 있어요.

삼국 시대부터 사용하다

《삼국유사》의 기록에 따르면 신라 유리왕(재위 24~57년) 때 이미 얼음 창고를 지었다고 해요. 《삼국사기》에도 505년(지증왕 6년)에 얼음을 보관하도록 명령했다는 기록이 있어요. 이런 기록을 볼 때 이미 삼국 시대부터 석빙고가 있었다고 여겨져요. 고려 시대에도 평양 석빙고가 내빙고와 외빙고로 나뉘어 있었다는 기록이 있어요. 그렇지만 삼국 시대나 고려 시대에 만든 빙고는 현재 남아 있지 않아요. 현재 남아 있는 석빙고는 모두 조선 시대에 만들어진 것이지요.

석빙고의 특징

천장과 환기구를 통해 더운 공기가 바깥으로 나가다

대류 현상에 따라 더운 공기는 가벼워져 위로 떠오르고, 반대로 차가운 공기는 무거워져 아래로 가라앉는 성질이 있어요. 이 현상을 이용해서 석빙고의 천장은 화강암으로 1~2미터의 간격을 두고 아치형으로 만들어 그 사이의 움푹한 공간으로 내부의 더운 공기가 빠져나가게 만들었어요. 또한 지붕에는 굴뚝처럼 생긴 환기구를 3개 만들어 놓았는데, 이 환기구를 통해서도 더운 공기는 바깥으로 빠져나가고 찬 공기가 석빙고 안을 맴돌게 했어요.

물과 습기를 빠르게 빼내는 배수로를 만들다

얼음이 녹으면 물이 생기고, 그 물이 고이면 습기가 생겨 얼음이 더 빨리 녹아요. 그래서 석빙고는 바닥을 경사지게 해 배수로를 만들어, 녹은 얼음물이 빠르게 밖으로 빠져나가게 했어요.

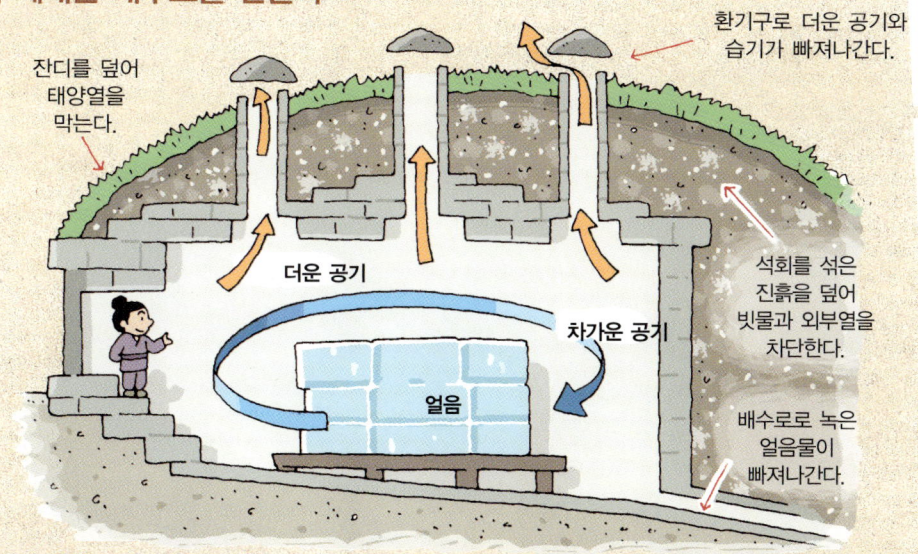

잔디를 덮어 태양열을 막는다.

환기구로 더운 공기와 습기가 빠져나간다.

더운 공기

차가운 공기

얼음

석회를 섞은 진흙을 덮어 빗물과 외부열을 차단한다.

배수로로 녹은 얼음물이 빠져나간다.

종이, 짚, 왕겨로 열을 낮추고 차단하다

외부 온도 32℃

실내 온도 15℃ 이하

나, 얼음! 표면 온도는 0℃ 내외~♪

볏짚

종이

석빙고에서는 얼음을 종이에 싸서 차곡차곡 쌓은 다음 그 위에 짚과 왕겨를 덮어 두었어요. 얼음을 종이에 싸 두면 얼음이 녹으면서 종이로부터 열을 빼앗아 가고, 종이의 온도가 낮아지면 녹은 얼음의 일부가 차가운 종이에 닿아 다시 얼게 되지요. 또한 짚과 왕겨는 열을 차단하는 단열재 역할을 해 얼음이 쉽게 녹지 않았어요.

석굴암의 비밀

천 년이 넘도록 원래의 모습을 지켜 온

세계 최고의 우리 과학기술 ❻

이런 금속 기술이 있었어요

우리나라는 첨단 전자 산업의 중심인 반도체를 세계에서 제일 잘 만드는 나라예요.
또한 세계에서 가장 우수한 철강을 만드는 나라이기도 해요.
우리 민족은 이미 고대부터 금속을 다루는 기술이 무척 뛰어났어요.
그런 기술력이 잠재되어 있어서 우리나라가 오늘날
전자·철강 산업에서 놀랄 만한 발전을 이루었을 거예요.
우리 조상들은 얼마나 뛰어난 기술로 금속을 다루었을까요?

신라의 성덕 대왕 신종

끊어질 듯 끊어질 듯 저 멀리, 사람들의 마음속까지
종소리가 울려 퍼졌어요. 바로 성덕 대왕 신종에서 나는 소리였지요.

"아니, 이 소리는……."
771년 어느 날 저녁, 신라의 도읍인 경주에 종소리가 울려 퍼졌어요.
"34년 만에 완성된 범종이 북천에 있는 봉덕사에 걸렸다고 하더니, 드디어 소리를 내는군."
그 종은 신라의 제35대 왕인 경덕왕이 아버지인 성덕왕을 추모하기 위해 만든 성덕 대왕 신종이었어요. 처음에 구리를 12만 근이나 들여 거대한 종을 만들었지만, 종을 치면 금이 가고 깨지는 소리가 났다고 해요. 그래서 30년이 넘도록 정성과 기술을 모아 힘들게 완성했답니다.
성덕 대왕 신종의 그윽하고도 아름다운 소리는 왕이 사는 궁궐뿐 아니라 귀족들이 사는 저택, 일반 백성들이 사는 민가, 그리고 그곳에 사는 사람들의 마음 깊은 곳까지 스며들었어요.
"은은하게 퍼지는 종소리를 들으니 마음에 평화로움이 깃드는구먼."
"오랜 근심과 걱정이 종소리에 실려 눈 녹듯이 사라지는 것 같군."
성덕 대왕 신종은 신라의 놀라운 금속 기술을 입증하는 보물이 되었지요.

> 종소리가 참 그윽하군. 정말 평온한 풍경일세.

세상의 괴로움을 잊게 하는 **범종 소리**

범종은 주로 불교에서 사용하는 종으로, 구리에 주석을 섞어서 만들어요. 종소리를 울려 사람들을 모이게 하거나 시각을 알리는 데 사용했지요. 사람들은 범종의 소리를 듣는 순간 세상의 온갖 괴로움에서 벗어날 수 있다고 믿어 왔어요. 그래서 금속 기술을 최대한 발휘해서 소리가 신비로운 종을 만들려고 했던 거예요.

독창적인 양식과 기술을 자랑하는 **신라 범종**

우리나라의 범종은 '한국 종'이라는 이름으로 학계에서 따로 불릴 만큼 독자적인 양식을 지니고 있어요. 특히 신라의 범종은 그 우수성을 세계에서 널리 인정받고 있지요.

★**밀랍** 꿀벌이 벌집을 만들기 위해 분비하는 물질로, 말랑말랑하고 끈끈하게 달라붙는 성질이 있고 형태가 불안정하다.

성덕 대왕 신종의 특징

밀랍형 주조 공법을 이용해 종을 만들다

밀랍형 주조 공법은 밀랍으로 종의 모형을 만들고 주변을 흙으로 싼 뒤, 밀랍을 녹인 자리에 쇳물을 부어 종을 만드는 방법이에요. 부드러운 밀랍을 이용해서 형태를 만들고 쇳물을 부어 종을 만들면 섬세한 문양과 매끄러운 표면을 얻을 수 있어요.

피리 모양의 음통을 만들어 잡음을 거르다

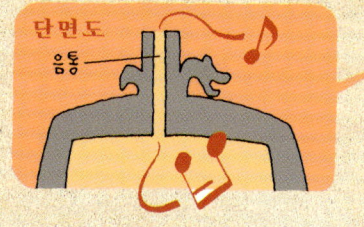 

성덕 대왕 신종의 윗부분에는 종을 매다는 고리인 '용뉴'가 있는데, 용뉴에는 '음통'이라는 것이 붙어 있어요. 음통은 커다란 피리처럼 생긴 원통인데 속이 비어 있어요. 음통은 종의 내부에서 나는 소리 가운데 잡음을 거르기 위해 만든 장치예요.

맥놀이 현상으로 끊어질 듯 이어지는 소리를 내다

소리의 여운이 남아 이어지는 것을 '맥놀이 현상'이라고 해요. 맥놀이 현상은 진동수가 다른 두 파동이 진행하면서 합쳐진 파동의 세기가 반복적으로 커졌다 작아졌다 하는 현상이에요. 성덕 대왕 신종은 여러 무늬를 비대칭으로 만들고, 종을 이루는 구리·주석·아연 등의 성분도 각 부분마다 다르게 했어요. 그래서 진동수가 다른 파동이 일어나 맥놀이 현상이 일어났어요.

명동을 만들어 긴 종소리를 내다

성덕 대왕 신종 아래에는 적당한 크기로 구덩이를 파 놓았어요. 이를 '명동'이라고 해요. 명동은 종에서 울리는 소리를 긴 종소리로 만들어 주는 특별한 장치였어요.

청동기, 백제, 신라의 금속 기술

청동기 시대에는 정교한 무늬가 새겨진 청동 거울, 다뉴세문경이 있었어요.
백제가 만든 칼 칠지도와 신라의 금관은 뛰어난 금속 기술을 잘 보여줘요.

🔥 다뉴세문경 (청동기)

다뉴세문경은 청동 거울이에요. 한 면은 매끈매끈하게 만들어 거울로 사용하고, 반대 면에는 '뉴'라고 부르는 고리를 두 개 이상 달아서 끈을 꿰어 매었어요. 그런데 가는 선으로 무늬를 새겨 넣었기 때문에 '고리가 많은 잔무늬 거울'이라는 뜻으로 '다뉴세문경'이라고 불러요. 다뉴세문경의 무늬를 이루는 선은 매우 규칙적이고 정교하답니다.

가는 선의 정교한 무늬를 새겨 넣다

국보 제141호로 지정된 다뉴세문경은 지름이 21.2센티미터, 테두리의 폭이 1센티미터인 원형의 청동 거울이에요. 이 거울에 새겨진 무늬는 높이 0.7밀리미터, 폭 0.22밀리미터로 된 13,300개의 세밀한 선과 100개가 넘는 크고 작은 동심원, 그 원들을 등분해서 만든 직사각형, 정사각형, 삼각형의 규칙적인 배열로 이루어져 있어요. 선의 굵기는 머리카락만큼 가늘어요.

뛰어난 청동 합금 기술을 발휘하다

우리 조상들은 황금빛을 내기 위해 구리, 주석에 납과 아연을 섞어 청동기를 만들었어요. 아연과 청동은 비율이나 끓는점이 다르기 때문에 온도를 잘 조절해야 하고 뛰어난 합금 기술이 있어야 해요. 특히 청동 거울을 만들 때에는 다른 합금에 비해 주석을 많이 넣어 빛이 잘 반사되게 했어요.

칠지도 (백제)

칠지도는 삼국 시대인 4세기 후반, 지금으로부터 약 1700년 전에 백제에서 만든 칼이에요. 백제 근초고왕 때에 만들어 일본에 하사(윗사람이 아랫사람에게 물건을 준다는 뜻) 한 것으로 짐작해요. 칼의 전체 길이는 약 74.9센티미터예요. 칼의 몸체 좌우로 가지 모양의 칼이 각각 3개씩 나와 있어 모두 7개의 칼날을 이루고 있어서 '칠지도'라는 이름이 붙었지요. 칠지도는 현재 일본의 국보로 정해져 일본에 있어요.

쇠를 여러 번 두들겨 만들다

칠지도는 당시 백제의 금속 기술 수준을 잘 보여 주고 있어요. 칠지도는 쇠를 단련해서 만든 칼로, 몸체의 앞뒤에 61자의 글자를 새기고 글자 속에 금을 박아 넣었어요. 새겨진 글 중에는 칼의 이름이 '칠지도'이며 '무쇠를 백 번이나 두들겨서 칠지도를 만든다.'라는 내용이 포함되어 있어서, 이미 고대부터 백제의 제철 기술이 매우 뛰어났음을 짐작할 수 있어요.

신라 금관 (신라)

신라 금관은 1500년 전쯤에 신라 사람들이 순금으로 만든 관이에요. 앞면과 좌우 옆면에는 한자의 산(山)자 모양을 위에서 아래로 3~4개 연속해서 붙여 놓고, 다시 사슴뿔 모양의 장식을 좌우에 세워 뼈대를 이루었어요. 금관 전체에 원형의 금판 구슬과 비취색의 구부러진 옥이 매달려 있어 매우 화려하지요.

금을 마음대로 다루다

신라 사람들은 금관을 만들기 위해 금을 종이처럼 납작하게 펴서 금판을 만들었어요. 금판의 두께는 1밀리미터도 안 될 정도로 매우 얇았어요. 이렇게 얇은 금판을 오리고, 무늬도 새겼지요. 그러고 나서 금관의 형태를 세우고 금으로 만든 못으로 고정시킨 다음, 금판 구슬과 금줄을 이용해 구부러진 옥을 달아 금관을 완성했어요. 이는 신라 사람들이 금을 자유롭게 다루었다는 것을 보여 줘요.

세계 최고의 우리 과학기술 07

이런 인쇄술이 있었어요

금속 활자 · 목판 인쇄술 · 계미자와 갑인자 · 팔만대장경

지난 천 년간 인류의 역사에 가장 큰 영향을 끼친 발명은 무엇일까요?
많은 학자들은 '금속 활자의 발명과 인쇄술의 발달'을 꼽았어요.
금속 활자가 발명되고 인쇄술이 발달하면서 지식이
사람들에게 널리 퍼지고 학문이 발달했기 때문이에요.
세계에서 가장 오래된 목판 인쇄물은 신라 사람들이 만든 것이고,
세계에서 처음으로 금속 활자를 발명한 것은 고려 사람들이었어요.
우리 조상들은 어떻게 세계 최고의 인쇄술을 가지게 되었을까요?

고려 시대에 발명된 금속 활자

삼국 시대부터 금속을 다루는 기술이 뛰어났던 우리 민족은 고려 시대에 금속 활자를 만들었어요. 서양보다 약 200년이나 앞선 것이었지요.

"이것이 바로 금속 활자군요! 금속으로 활자를 만들다니!"
"그렇습니다. 참으로 신기한 솜씨입니다."
"이제 백운 스님의 불교에 대한 가르침을 더욱 쉽고 편하게 전할 수 있겠어요."

고려 시대인 1377년, 흥덕사에 세 사람이 모였어요. 그들은 여러 명의 장인과 스님이 금속 활자를 만드는 모습을 바라보았어요.

먼저, 붓으로 쓴 글씨를 밀랍판 위에 뒤집어 얹고 글자를 새겨 밀랍 활자를 만들었어요. 그 다음 밀랍 활자를 밀랍봉에 나뭇가지 모양으로 붙이고, 밀랍봉에 붙어 있는 활자를 통에 넣은 뒤 흙을 붓고 굳혔어요. 그리고 나서 열을 가해 밀랍을 녹이고, 밀랍을 녹인 곳에 쇳물을 붓고, 쇳물이 식으면 글자를 한 자씩 떼어 내고, 활자를 판에 배열하고……

금속 활자를 만드는 과정을 지켜보고 있던 세

사람은 석찬과 달잠, 묘덕이라는 스님이었어요. 석찬과 달잠은 백운 화상의 제자로, 스승의 가르침을 세상에 널리 알리기 위해 금속 활자로 인쇄한 책을 펴내기로 했어요. 그리고 묘덕이라는 여승은 금속 활자 인쇄에 드는 물건과 경비를 조달해 주었지요.

이렇게 해서 마침내 금속 활자로 인쇄한 책이 완성되었는데 그 책의 이름은 《직지심체요절》이었어요. 이 책은 오늘날까지 전해져 세계에서 가장 오래된 금속 활자로 인쇄한 책이 되었어요.

금속 활자 만드는 과정

① 붓으로 쓴 글씨를 밀랍 막대에 뒤집어 붙인 다음, 뒤집힌 글자 모양대로 조각하여 밀랍 활자를 만든다. 밀랍은 벌집을 이용해 만든 고체로 끈끈하게 달라붙고 열을 가하면 잘 녹는 성질을 지니고 있다.

② 밀랍 활자를 밀랍봉에 나뭇가지 모양으로 여러 개 붙인다. 밀랍봉은 나중에 쇳물이 흘러가는 통로가 된다.

③ 거푸집 통에 밀랍 활자를 넣고 그 안에 매몰토(진흙이 쌓여 굳어진 암석인 이암과 황토, 모래를 물과 적당히 섞어 만든 재료)를 붓고, 굳힌다.

④ 거푸집이 굳으면 열을 가해서 그 안에 있는 밀랍을 녹이고 그곳에 금속 활자가 될 쇳물을 붓는다.

⑤ 쇳물이 식어 굳으면 거푸집을 부수고 그 안에 있는 금속 활자를 한 자씩 떼어 내어 다듬으면 금속활자가 완성된다.

아하! 그땐 이런 과학기술이 있었군요

금속 주조 기술을 이용하다

고려 사람들이 세계에서 처음으로 금속 활자를 만든 데는 여러 가지 이유가 있어요. 고려는 거란족과 몽골족의 침입 등 여러 차례 전쟁을 겪으면서 많은 책과 나무로 만든 활자가 불타 없어졌어요. 게다가 주로 책을 들여오던 중국의 송나라가 주변의 나라들과 전쟁하고 있어서 책을 수입하기도 어려웠어요. 그래서 고려 사람들은 필요한 책을 빨리 그리고 많이 인쇄할 수 있고, 나무 활자처럼 불에 잘 타지 않으면서도 필요할 때마다 인쇄할 수 있는 활자를 만들려고 노력했어요. 마침내 고려 사람들은 금속 주조 기술을 이용해서 금속 활자를 발명하게 되었지요.

세계에서 가장 먼저 금속 활자로 인쇄한 책

《상정고금예문》

고려 고종 때인 1241년에 이규보가 쓴 《동국이상국집》이라는 책에 고려 인종 때 최윤의가 편찬한 《상정고금예문》이라는 50권의 책을 고려 고종 때인 1234년에 금속 활자로 찍었다는 기록이 있어요.

《상정고금예문》은 지금은 전해지지 않지만, 금속 활자로 인쇄한 세계 최초의 책으로 추측할 수 있어요.

《직지심체요절》

백운 스님이 부처님과 훌륭한 스님들의 가르침을 모아 엮은 《직지심체요절》은 1337년에 흥덕사라는 절에서 금속 활자로 찍은 책이에요. 원래 상권과 하권 두 권이지만, 현재 하권만 프랑스 국립 도서관에 보관되어 전해지고 있어요. 본래의 책 이름은 《백운화상초록불조직지심체요절》이라는 긴 이름이지만, 줄여서 《직지심체요절》, 《직지》라고 부른답니다.

고려가 서양보다 약 200년이나 앞서 금속 활자를 만들다

많은 학자들이 천 년간 인류의 역사에서 가장 큰 영향을 끼친 발명을 1400년대 구텐베르크의 금속 활자 발명으로 보고 있어요. 그렇지만 《상정고금예문》의 기록에서도 알 수 있듯이, 고려 사람들은 이미 1200년대 초부터 금속 활자를 개발해 사용해 왔어요. 이는 구텐베르크보다 약 200년이나 앞서서 금속 활자를 발명한 것이에요.

금속 활자로 책을 만들기까지의 과정

1
인쇄 기술이 발달하기 전에는 붓으로 일일이 글자를 종이에 베껴 써서 책을 만들었다. 손으로 글을 베껴 쓰는 것을 '필사'라고 하고 이렇게 만든 책을 '필사본'이라고 한다.

2
나무판에 글자를 새긴 다음 그 위에 먹물(잉크)을 칠한 뒤 종이를 대고 문질러 인쇄를 했다. 이를 '목판 인쇄'라고 하고 이렇게 만든 책을 '목판본(판각본)'이라고 한다.

3
인쇄할 글자를 나무에 하나하나 새겨 활자를 만든 다음 내용에 따라 배열했다. 그러고 나서 인쇄용 판을 만든 뒤, 먹물(잉크)을 칠하고 종이에 찍어 인쇄를 했다. 이를 '목활자 인쇄'라고 하고 이렇게 만든 책을 '목활자본(목각본)'이라고 한다.

4
금속으로 활자를 만들어 내용에 따라 배열해서 인쇄용 판을 만들고 먹물(잉크)을 칠한 뒤 종이에 찍어 인쇄를 한다. 이를 '금속 활자 인쇄'라고 하고 이렇게 만든 책을 '금속 활자본'이라고 한다.

# 신라, 조선의 인쇄술

신라 시대에는 목판 인쇄 기술이 발달했어요.
조선 시대에도 금속 활자를 개발했지요.

목판 인쇄술 (신라)

고려 사람들이 세계에서 가장 먼저 금속 활자를 만드는 기술을 발휘할 수 있었던 배경은 삼국 시대와 통일 신라 시대부터 금속을 다루는 기술 수준이 높았던 점을 들 수 있어요.

그리고 판에 잉크를 묻히고 판에 새겨진 문자, 그림 등을 종이, 천 등에 찍어 내는 인쇄술 역시 뛰어난 수준이었던 점도 빼놓을 수 없지요.

우리 조상들은 삼국 시대부터 금판이나 동판에 글자를 새기는 뛰어난 기술을 지니고 있었어요. 특히 신라 사람들은 이런 경험을 바탕으로 목판에 글자와 그림을 새겨 많은 양을 찍어 내는 방법을 발전시켰어요. 신라는 목판 인쇄술의 발달을 이루었지요.

계미자와 갑인자 (조선)

고려 시대에 처음으로 금속 활자를 발명한 데 이어 조선 시대에도 금속 활자 인쇄술이 크게 발달했어요. 조선의 태종은 1403년 신하들의 반대를 무릅쓰고 인쇄 업무를 담당하는 주자소를 설치했어요. 그리고 그곳에서 '계미자'라는 금속 활자를 만들었어요. 세종 대왕은 이천과 장영실에게 새로운 금속 활자를 개발하게 했어요. 그 결과 갑인년인 1434년에 금속 활자 20여만 자가 새로 만들어졌어요. 이것이 조선 시대 금속 활자의 기본이 된 '갑인자'예요.

신라의 우수한 목판 인쇄술을 입증한
무구정광대다라니경

석가탑에서 발견되다

1966년 불국사 3층 석탑(석가탑)을 보수하려고 분해하던 중에 우연히 닥종이 12장을 이어 너비가 약 8센티미터, 전체 길이가 약 620센티미터나 되는 두루마리 형태의 책이 발견되었어요. 바로 부처님의 가르침인 불경을 인쇄한 《무구정광대다라니경》이었어요.

세계에서 가장 오래된 인쇄물이다

석가탑은 751년 김대성이 불국사를 다시 지을 때 세워졌어요. 따라서 이 불경은 그 무렵 또는 그전에 간행된 것으로 인정되었어요. 《무구정광대다라니경》이 발견되기 전에는 770년에 간행된 일본의 《백만탑다라니》가 세계에서 가장 오래된 인쇄물로 알려져 있었어요. 그러나 《무구정광대다라니경》이 《백만탑다라니》보다 더 오래된 인쇄물이 되었지요.

완전한 인쇄물이다

일본의 《백만탑다라니》는 나뭇조각에 글자를 새겨 도장을 찍듯이 찍어 낸 낱장의 인쇄물이었어요. 이와 달리 《무구정광대다라니경》은 경문 전부를 새겨 글자면을 위쪽으로 하여 먹칠한 다음, 그 위에 종이를 놓고 부드러운 헝겊 뭉치로 문질러 찍어 낸, 완전한 인쇄물이었지요.

매우 정교하다

너비가 약 8센티미터인 작은 목판에 완벽한 글자를 새기려면 어떤 실수도 있어서는 안 되었어요. 그만큼 매우 높은 집중력과 기술력이 필요한 작업이었지요. 《무구정광대다라니경》은 글자체나 형태 등이 매우 정교해서 이 정도 수준의 인쇄를 하기 위해서는 훨씬 오래전부터 인쇄 기술을 가지고 있었을 것으로 추측해요.

세계 최고의 우리 과학기술 08

이런 무기도 개발했어요

신기전과 화차 비격진천뢰 개마무사 쇠뇌

살수 대첩, 귀주 대첩, 행주 대첩, 한산도 대첩 등 우리 민족은 오랜 역사를 거치면서 이웃 나라들의 침입을 받아 수많은 전쟁을 치러야 했어요. 적군을 물리치기 위해 작전을 세우고, 전투력을 높이기 위해 군사들을 훈련시켰어요. 그리고 우수한 성능의 무기들을 개발해서 전쟁이나 중요한 전투를 승리로 이끌었어요. 우리 조상들이 개발한 무기로는 어떤 것이 있으며, 그런 무기에는 어떤 과학기술의 비밀이 숨어 있을까요?

조선의 비밀 무기, 신기전과 화차

조선군에게는 열 배나 넘는 왜군도 무찌를 수 있는 비밀 무기가 있었어요.
바로 속도와 화력이 엄청난 신기전과 화차였어요.

"장군님, 우리 병사는 고작 2천8백여 명뿐인데, 적군은 3만 명은 족히 되는 것 같습니다."
1593년 2월 12일 새벽 6시, 7개 부대로 구성된 3만 명의 왜군이 조총을 쏘면서 산을 기어올라, 목책이 둘러쳐진 행주산성을 공격해 오기 시작했어요.
"겁먹을 것 없다. 우리에게는 비장의 무기가 있다! 지금부터 비밀 무기의

신기전을 발사하라!

맛을 보여 주어라!

　조선의 권율 장군은 열 배나 넘는 왜군의 공격에도 오히려 침착하게 군사들에게 공격 명령을 내렸어요.
　그러자 성안의 조선군 진지 이곳저곳에서, 주먹만 한 둥근 구멍이 벌집처럼 뚫려 있는 사각 나무통을 얹은 수십 대의 수레가 적진을 향해 방향을 잡았어요. 그리고 그 둥근 구멍에서 100발이나 되는 화살이 일제히 발사되었지요.
　발사된 화살은 마치 로켓처럼 불과 연기를 내뿜으면서 큰 소리를 내며 빠른 속도로 적진을 향해 날아가, 목표 지점에 이르러 스스로 폭발했어요. 왜군은 놀라 우왕좌왕하면서 오들오들 공포에 떨었어요.
　그때부터 왜군은 12시간 동안 일곱 번에 걸쳐 행주산성을 공격했지만, 산성을 점령하기는커녕 2만 4천 명이나 되는 엄청난 사상자만 내고 후퇴했지요. 행주 대첩을 승리로 이끈 비밀 무기는 신기전과 화차라는 조선의 첨단 과학 무기였어요.

폭탄 화살 대단하구나.

윽!

🔥 로켓 무기 **신기전**

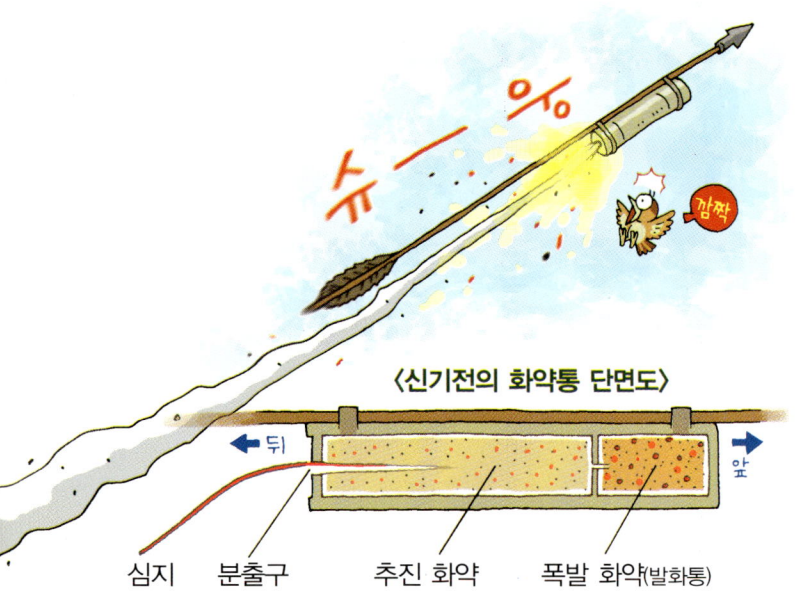

〈신기전의 화약통 단면도〉
심지　분출구　추진 화약　폭발 화약(발화통)

　신기전은 1448년(세종 30년), 고려 말에 최무선이 만든 '달리는 불'이라는 뜻의 주화라는 무기를 개량한, 로켓 형태의 무기예요. 신기전은 '귀신 같은 기계 화살'이라는 뜻으로, 화약이 타는 힘에 의해 날아가는 '주화'에 일종의 폭탄 장치인 발화통을 연결한 거예요. 요즘의 탄도 미사일과 같은 것이지요. 사정거리는 1,000미터 이상이었고, 처음에는 빈 화살통 같은 곳에 꽂아 발사하다가 화차가 발명된 뒤에는 주로 화차에 설치해서 발사했어요.

★ 신기전의 작동 원리

❶ 화살대 윗부분에 종이로 만든 로켓 엔진에 해당하는 약통을 붙여 놓는다.

❷ 그 위에 다시 발화통을 도화선으로 약통에 연결해 놓는다.

❸ 심지에 불을 붙이면 약통 속에 있는 화약이 타는 힘으로 날아간다.

❹ 목표 지점에 도달하면 발화통에 불이 붙어 그 안에 있는 화약이 '쾅' 하고 폭발한다.

★ 신기전의 종류와 성능

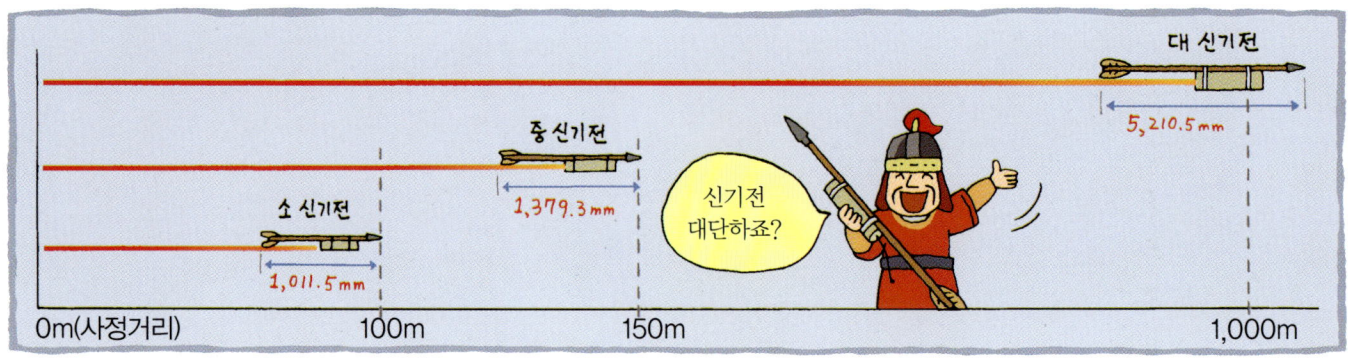

대 신기전　5,210.5mm
중 신기전　1,379.3mm
소 신기전　1,011.5mm

0m(사정거리)　100m　150m　1,000m

동시에 여러 개를 발사하는 **화차**

화차를 이용하면 신기전 100발을 연달아 쏠 수 있답니다.

화차는 조선 태종 때 처음 만들어졌지만 실전에는 쓰이지 않았어요. 1451년(문종 1년)에 본격적으로 만들어지기 시작하면서 점점 개량되다가, 임진왜란 때 왜군을 격퇴하는 데 큰 힘을 발휘했지요. 화차는 신기전 같은 무기를 한꺼번에 많이 발사할 수 있도록 설계되었어요. 부속품이 300개가 넘을 정도로 정교한 기술을 자랑하지요. 화차 위에 신기전기 또는 총통기를 설치하고 100개의 신기전을 놓거나 사전총통 50개를 놓고 차례로 점화해서 발사했어요. 화차는 수레처럼 생겨서 좁고 험한 도로에서도 이동하기가 쉬웠어요.

세계에서 가장 오래된 로켓 제작 설계도를 남기다

신기전을 제작할 때 사용한 설계도가 《국조오례의서례》라는 책의 〈병기도설〉 부분에 기록되어 있어요. 이것은 현재 남아 있는 로켓 설계도 가운데 세계에서 가장 오래된 거예요. 세계 우주항공학회에서도 이를 공인했지요. 또한 이 설계도에 사용한 치수 가운데 가장 작은 눈금이 0.3밀리미터인 '리' 인데, 이는 당시 세계에서 사용한 단위 가운데 가장 작은 것이었어요. 서양에서는 19세기가 되어서 밀리미터를 측정, 사용했다고 해요.

과학적으로 입증된 발사 각도를 사용하다

화차는 특이하게도 차체가 바퀴 축보다 반지름만큼 높은 곳에 있어요. 이것은 손잡이의 높낮이를 조종해서 신기전의 발사 각도를 다양하게 함으로써 사정거리를 조절하기 위한 것이에요. 화차의 손잡이를 바닥에 놓았을 때 발사각도는 43도예요. 이것은 물체를 가장 멀리 날려 보낼 수 있는 각도로 과학적으로 입증되었어요.

신기전이 가장 멀리 날아 갈 수 있는 각도는 43°

조선의 또 다른 무기, **비격진천뢰**

비격진천뢰는 임진왜란 당시 이장손이 개발한 폭탄이에요. 무쇠철판을 둥글게 두드려 만든 지름 21센티미터의 쇠공 속에 뾰족한 철 조각(마름쇠)과 화약통을 넣은 다음, 심지를 감아서 꽂아 넣고 불을 붙여 폭발하게 하는 일종의 시한폭탄 같은 거예요. 심지의 길이를 조정해서 폭발하는 시간을 맞추었고, '완구'라는 입구가 넓적한 화포를 사용해 발사하기도 했어요. 비격진천뢰는 처음에 포탄처럼 목표물을 격파한 다음, 안에 있는 폭약이 폭발하면서 날카로운 마름쇠가 사방으로 퍼져 적에게 큰 피해를 입혔어요. 산성에서 전투를 벌일 때에는 성벽 아래에 있는 적군에게 손으로 던져 사용하기도 했어요.

 ### 최무선은 어떻게 화약 무기를 발명했을까?

고려 말, 최무선은 백성들을 괴롭히는 왜구를 막기 위해 화약 무기를 개발해야겠다고 생각했어요. 그래서 왕에게 건의해서 화통도감(지금의 화약 무기 연구소 같은 곳)이라는 관청을 설치했어요. 최무선은 그곳에서 화약을 비롯한 18여 종의 화약 무기를 만들었어요. 그중에는 '화전'과 '주화'라는 것이 있었어요. 화전은 '불화살'이라는 뜻으로, 화살의 앞부분에 솜을 매단 다음 솜에 기름을 묻히고 불을 붙여 활로 쏘는 무기였어요. 주화는 '달리는 불'이라는 뜻으로 지금의 로켓과 같은 원리로 만들어진 무기였어요. 주화는 우리나라 최초의 로켓으로 여겨지는데, 만들어진 시기는 최무선이 화통도감에서 활동하던 1337년부터 1387년 사이로 짐작되고 있어요.

고구려의 개마무사

고구려는 전투를 할 때 말과 병사에 강철 갑옷을 입혔어요.
이들을 '개마무사' 라고 해요.

덕흥리 벽화 무덤 등 고구려 벽화 무덤에 그려진 그림 가운데 말을 탄 무사들의 모습이 담긴 그림이 있어요. 그런데 특이하게도 무사뿐 아니라 말도 철갑옷을 입고 있어요. 이렇게 말에 갑옷을 입힌 것을 '개마' 라고 하고, 갑옷으로 단단히 무장하고 개마에 탄 기병을 '개마무사' 라고 해요. 고구려는 이미 3세기 동천왕(재위 227~248년) 때 수천 명의 개마무사가 위나라 군대를 물리쳤어요. 그리고 고구려의 영토를 가장 크게 넓혔던 5세기 무렵의 광개토 대왕과 장수왕 때에는 개마무사가 전투에서 큰 역할을 했어요. 이는 당시 고구려가 철의 생산 능력뿐 아니라 철을 다루는 기술이 매우 뛰어났음을 말해 주는 것이에요.

서양보다 약 천 년이나 앞서 개마무사가 활동하다

고구려에서 3~5세기에 본격적으로 개마무사가 활동한 데 비해, 서양에서는 1221년, 그러니까 중세 시대부터 개마무사가 활동하기 시작했어요. 이는 고구려가 서양보다 약 천 년이나 앞서서 철로 중무장한 기병을 전투에 활용했다는 말이에요. 그리고 중국은 일찍부터 철기를 사용했지만, 철의 생산 능력이나 철을 다루는 제철 기술이 고구려보다 뛰어나지 못했기 때문에 개마무사를 부리지 못했어요.

질 좋은 강철을 생산하다

고구려가 철을 생산하고 제련하여 강철을 만드는 기술이 발달한 것은 고조선과 부여로부터 철을 다루는 우수한 기술을 이어받았기 때문이에요. 고구려는 조상들이 철을 다루는 기술을 더욱 발전시켜 강철을 만드는 법을 개발했고, 이를 바탕으로 개마무사를 탄생시켰어요. 또한 고구려의 개마무사가 입었던 갑옷은 물고기의 비늘처럼 생긴 '미늘'이라는 쇳조각을 가죽 끈으로 이어 붙인 미늘갑옷으로, 무게가 가벼워 기동력이 매우 뛰어났어요.

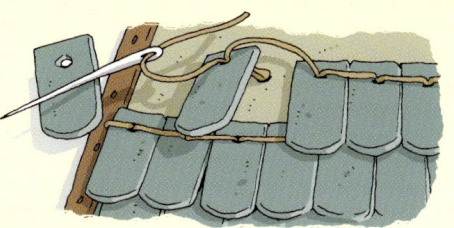

세계 최고의 우리 과학기술 09

이렇게 하늘을 관측했어요

첨성대
혼천의
천상열차분야지도
혼천시계

지구 밖의 우주와 우주에 있는 태양이나 행성, 위성, 혜성 등의 천체를 관측하고
그 움직임을 연구하는 학문을 천문학이라고 해요. 천문학은 동서양을 떠나
인간이 문명을 발달시키면서부터 생겨나 자연 과학 가운데 가장 일찍 발달했어요.
우리 조상들도 오래전부터 하늘을 관측하며 천문학을 발달시켰어요.
그리고 위대한 문화유산을 많이 남겼지요.
우리 조상들은 어떻게 하늘을 관측했으며, 어떤 지혜를 발휘했을까요?

신라의 천문 관측대, 첨성대

신라 사람들은 하늘을 살펴 별자리를 관측하기 위해 병 모양의 건축물을 만들었어요. 바로 첨성대랍니다.

"어서 서둘러야겠네. 꼬리별이 별자리를 지나가고 있어."

693년의 어느 날, 어스름한 저녁 무렵 신라 왕궁이 있는 경주 반월성의 북쪽 지점에서 두 사람이 바삐 걸음을 옮기고 있었어요.

"얼마 전에는 별똥별(유성)과 별똥돌(운석)이 어디론가 떨어지더니 오늘은 꼬리별(혜성)이?"

하늘을 살피며 바쁘게 걷는 두 사람은 일관이었어요. 일관은 하늘을 살펴 천문 현상을 기록하거나 임금에게 보고하는 일을 맡은 사람이었어요. 별의 밝기나 위치, 움직임을 통해 장차 나라에 일어날 좋은 일과 불행한 일을 예측하기도 했지요.

잠시 후 두 사람은 병 모양처럼 특이하게 생긴 커다란 건축물 앞에 멈춰 섰어요.

두 사람은 건축물의 가운데 지점쯤에 있는 네모난 창에 사다리를 놓고 올라가 건물 속으로 들어갔어요. 그러고는 다시 내부에 있는 사다리를 통해 우물 모양처럼 생긴 건물의 꼭대기로 올라가 하늘을 열심히 살피기 시작했지요.

신라의 일관들이 별을 관측하던 곳이 바로 첨성대예요.

 **동양에서 가장 오래된 천문 관측대**

'별을 살피기 위해 만든 높은 곳'이라는 뜻의 첨성대는 선덕 여왕(재위 632~647년) 때에 세워졌어요. 네모나고 길쭉한 모양의 화강암을 벽돌처럼 한 층 한 층 쌓아 만든 건축물이지요. 맨 아래에는 네모난 받침대를 세우고, 그 위로 술병 같은 원통형의 몸통이 있어요. 맨 위에는 2개의 단이 우물 정(井) 모양을 하고 있고, 중간에는 남쪽을 향해 창이 나 있어요. 첨성대는 오늘날 남아 있는 천문 관측대 가운데 동양에서 가장 오래된 것이며, 세계에서도 가장 오래된 고대 천문대 가운데 하나예요.

우리 조상들이 세운 천문대

고구려와 백제의 천문대

고구려는 평양성 안에 첨성대의 유적이 있었다는 기록이 있어요. 백제는 천문학자들이 일본에 건너가 '점성대'를 만들어 주었다는 기록이 있어요. 따라서 모양이나 규모는 알 수 없지만 고구려와 백제 역시 천문대가 있었다는 것을 알 수 있어요.

개성에 있던 고려의 천문대 첨성당

개성 만월대 서쪽에 고려의 천문대였던 첨성당의 유적이 남아 있어요. 전하는 기록이 없어 자세히 알 수 없지만 현재 남아 있는 모습은 넓이 약 3제곱미터의 돌판을 높이 3미터 정도 되는 5개의 돌기둥 위에 올려놓은 모양이에요. 이 돌판에는 관측기구를 고정하는 데 쓰였을 것으로 생각되는 크고 작은 구멍이 여러 개 나 있어요.

조선 세종 때 만들어진 간의대

세종 때 두 종류의 간의대가 만들어졌는데 하나는 경복궁에 설치된 '대간의대'이고, 또 하나는 북부 광화방 관상감터에 설치된 '소간의대'예요. 대간의대는 1434년에 완성된 것으로 혼천의, 혼상, 규표 등 여러 천문 관측기구가 설치된 최고 수준의 천문 관측대였어요. 관상감터에 설치된 소간의대는 대간의대의 축소판으로 천문 관측기구인 소간의를 설치해 놓은 곳이었어요.

조선 숙종 때 만들어진 관천대

세종 때 만들어진 대간의대가 임진왜란으로 불타 버리자 1688년(숙종 14년)에 소간의대의 형식에 따라 새로 관측대를 만들었는데, 이것이 현재 창경궁에 있는 '관천대'예요. 5단의 화강석으로 쌓은 것으로 높이는 2.2미터예요. 상단부는 돌난간으로 둘러쳐 있고, 돌계단을 통해 올라가게 되어 있어요.

첨성대의 특징

🌐 우주의 섭리를 담아내다

  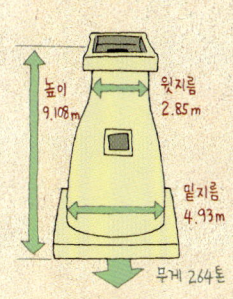

> ★ **첨성대**
> 높이 : 9.108미터
> 밑지름 : 4.93미터
> 윗지름 : 2.85미터
> 전체 무게 : 264톤

 **몸체 전체 단의 수 '27'**
선덕 여왕이 신라의 제27대 왕임을 상징

 **몸통의 전체 돌의 개수 '362'**
음력으로 따진 거의 1년의 날 수

 몸체 전체의 단(27)에 꼭대기 정자석 2단을 합치면 '29'
초승달에서 다음 번 초승달까지의 날 수

 **맨 아래부터 창이 있는 중간까지 돌로 쌓은 층의 수가 '12'**
1년의 달 수

 몸체 전체의 단에 꼭대기의 정자석을 1단으로 보면, 합쳐서 '28'
기본 별자리 수

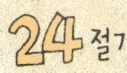 **중간부터 윗부분까지 돌로 쌓은 층의 수 12와 아랫부분을 합치면 '24'**
24절기

 정사각형의 바닥, 원형의 몸통
'하늘은 둥글고 땅은 네모나다.'는 당시 우리 조상들의 우주 구조에 대한 생각을 상징

 **꼭대기의 우물 정(井)자 모양**
우물은 신과 사람을 연결해 주는 통로를 상징

🌐 1300여 년간 비바람과 지진을 견딘 견고한 구조를 지니다

첨성대를 만들 때 땅을 1.5미터 이상 파서 큰 돌을 채우는 등 기초 공사를 튼튼히 했어요. 내부에 창문 높이까지 흙을 채워 넣어 원형으로 쌓은 돌들이 안쪽으로 무너지는 것을 막았지요. 또 그 흙에는 굵은 자갈을 섞어 내부의 물이 잘 빠지게 했어요. 맨 위에는 밑받침이 되는 기단의 절반 크기로 길게 다듬은 돌을 사각의 우물 정자 모양으로 얹어 원형의 구조에 안정감을 주었어요.

조선의 천체 관측기구, 혼천의

조선 세종 때 별의 움직임과 위치를 관측하는 기구가 만들어졌어요.
이천, 장영실 등이 만든 혼천의랍니다.

혼천의는 천체의 운행과 그 위치를 관측하는 천체 관측기구예요. 기원전 2세기에 중국에서 처음 만들어졌는데 '선기옥형'이라는 이름으로 불렸어요. 우리 조상들은 삼국 시대부터 사용했다는 기록이 있어요. 1433년(세종 15년), 정초, 정인지 등이 고전을 조사하고 이천, 장영실이 제작을 담당해 혼천의를 만들어 간의대에 설치했어요. 이 혼천의는 중국의 것보다 더 발전된 것이었어요.

반짝질문: 혼천의가 담고 있는 뜻은 무엇일까?

혼천의는 '달걀 흰자가 노른자를 둘러싸고 있듯 우주도 하늘이 땅을 둘러싼 모습으로 되어 있다. 하늘은 둥글고 끝없이 돈다.'는 혼천설에서 비롯된 것으로 알려져 있어요. 혼천설은 중국 후한 시대에 장형이라는 사람이 쓴 《혼천의주》라는 책에 나오는 우주관이에요.

아하! 과학기술: 천체의 운행과 위치를 관측하여 정확한 시각을 알아내다

혼천의는 3개 층의 둥근 고리를 기본으로 해서 많은 고리들이 공처럼 구성되어 있어요. 첫 번째는 남북극 방향 축에, 두 번째는 적도 방향 축에 맞추어져 있어요. 가장 가운데 있는 것은 자유롭게 회전하고, 안에는 규형이 있는데 이것에 눈을 대고 천체를 관측해서 첫 번째와 두 번째 원의 눈금을 읽어 그 천체의 천구상의 위치를 파악하는 것이에요. 즉 동서남북, 하늘과 땅, 해와 달이 다니는 길 등을 표시해 두고 천체의 운행과 위치를 관측해서 정확한 시각을 알아내는 것이지요.

여러 가지 천체 관측기구

 간단한 혼천의 **간의**

간의는 혼천의의 구조를 간단하게 해서 만든 것이에요. 혼천의보다 먼저, 1432년(세종 14년)에 처음 만들어졌어요. 간의는 고도와 방위, 낮과 밤의 시간을 정밀하게 측정할 수 있어요. 1434년에는 크기가 작고 이동하기에 편리한 '소간의'도 만들어졌어요.

 별자리의 위치를 살피는 **혼상**

혼상은 하늘의 별들을 보이는 위치 그대로 구면에 표시해서, 별자리의 위치를 살펴 계절의 변화와 시간의 흐름을 측정하는 기구예요. 우리나라에서는 1437년에 처음 만들어졌어요.

 원반 모양의 천체 모형 **목륜**

1525년(중종 20년)에 만든 목륜은 놋쇠로 만든 둥근 원반 위에 천체의 모형을 새겨 넣고 시기별로 천체의 운행을 한눈에 살펴볼 수 있도록 한 기기예요. 지름 33.9센티미터의 황동으로 만든 원반의 앞뒷면에 수많은 별이 정밀하게 새겨져 있고, 회전하는 규형(거리와 높낮이를 측정하는 기구)이 달려 있어요.

 독창적인 천문 시계 **일성정시의**

일성정시의는 1437년(세종 19년)에 이천, 장영실 등이 만들었어요. 해시계와 별시계의 기능을 한데 모아 낮과 밤의 시각을 측정하는 기기예요. 한양의 북극 고도를 기준으로 만들어져, 한양을 기준으로 한 국가 표준 시계라고 할 수 있어요.

별자리 그림, 천상열차분야지도

고구려 시대의 별자리 그림을 바탕으로 조선 시대에 더욱 정교한 별자리 그림이 완성되었어요. 바로 천상열차분야지도예요.

천체에서 일어나는 현상을 그림으로 나타낸 것을 '천문도'라고 해요.

'천상열차분야지도'는 조선을 세운 태조의 명을 받들어 권근 등 학자 11명이 수년간의 노력 끝에 1395년(태조 4년)에 완성한 천문도예요. 직육면체의 돌에 천체의 형상을 새겨 놓은 것이지요. 천상열차분야지도는 중심에 북극을 두고 태양이 지나는 길인 황도를 표시하고 남북극 가운데로 적도를 나타냈어요. 그리고 눈으로 관찰할 수 있는 별을 총망라해서, 황도 부근의 하늘을 12등분하고 1,464개의 별을 점으로 표시했어요. 이 그림을 통해 해, 달, 5행성(수성, 금성, 토성, 화성, 목성)의 움직임을 알 수 있었고, 그 위치에 따라 절기도 구분할 수 있었어요.

天象列次分野之圖
천 상 열 차 분 야 지 도

'하늘의 별자리를 2부분으로 나눈 그림'이란 뜻이란다.

천상열차분야지도의 특징

고구려의 천문도를 바탕으로 만들다

천상열차분야지도는 중국 남송 시대에 만들어진 '순우천문도'에 이어 세계에서 두 번째로 오래된 것이에요. 그런데 천상열차분야지도는 고구려 사람들이 제작했던 천문도를 바탕으로 해서 다시 새긴 거예요. 학자들은 천상열차분야지도에 그려진 별들의 움직임을 분석한 결과, 원본이 1세기 초반에 작성되었을 것으로 짐작하고 있어요. 이는 3세기에 중국에서 천문도를 만들었다는 기록보다 200년이나 앞서는 것이에요. 그래서 천상열차분야지도의 원본이 된, 고구려 사람들이 만든 천문도는 하늘 전체를 그린, 세계에서 가장 오래된 별자리 그림으로 추측해요.

선조들께서 만들어 놓았던 천문도를 참고해서 만드는 중이에요.

우리 민족이 독자적으로 만든 세계 최고의 천문도이다

천상열차분야지도는 중국에서 만든 천문도를 참고한 것이 아니라 우리 민족이 독자적으로 만든 것이에요. 더구나 1,464개의 별이 293개의 별자리를 이루어 밝기에 따라 다른 크기로 정교하게 그려져 있고, 실제 별들의 밝기는 현재 볼 수 있는 관측 등급과 거의 일치하고 있어요. 그리고 별자리의 수도 서양에서 일반적으로 사용된 88개보다 3배 이상 많을 정도로 다양해요. 천상열차분야지도는 고대부터 이어져 온 우리 민족의 천문학에 대한 우수성을 알려 주는 소중한 과학 문화유산이랍니다.

오~ 서프라이즈!

세계 최고의 우리 과학기술 10

이렇게 종이도 만들었어요

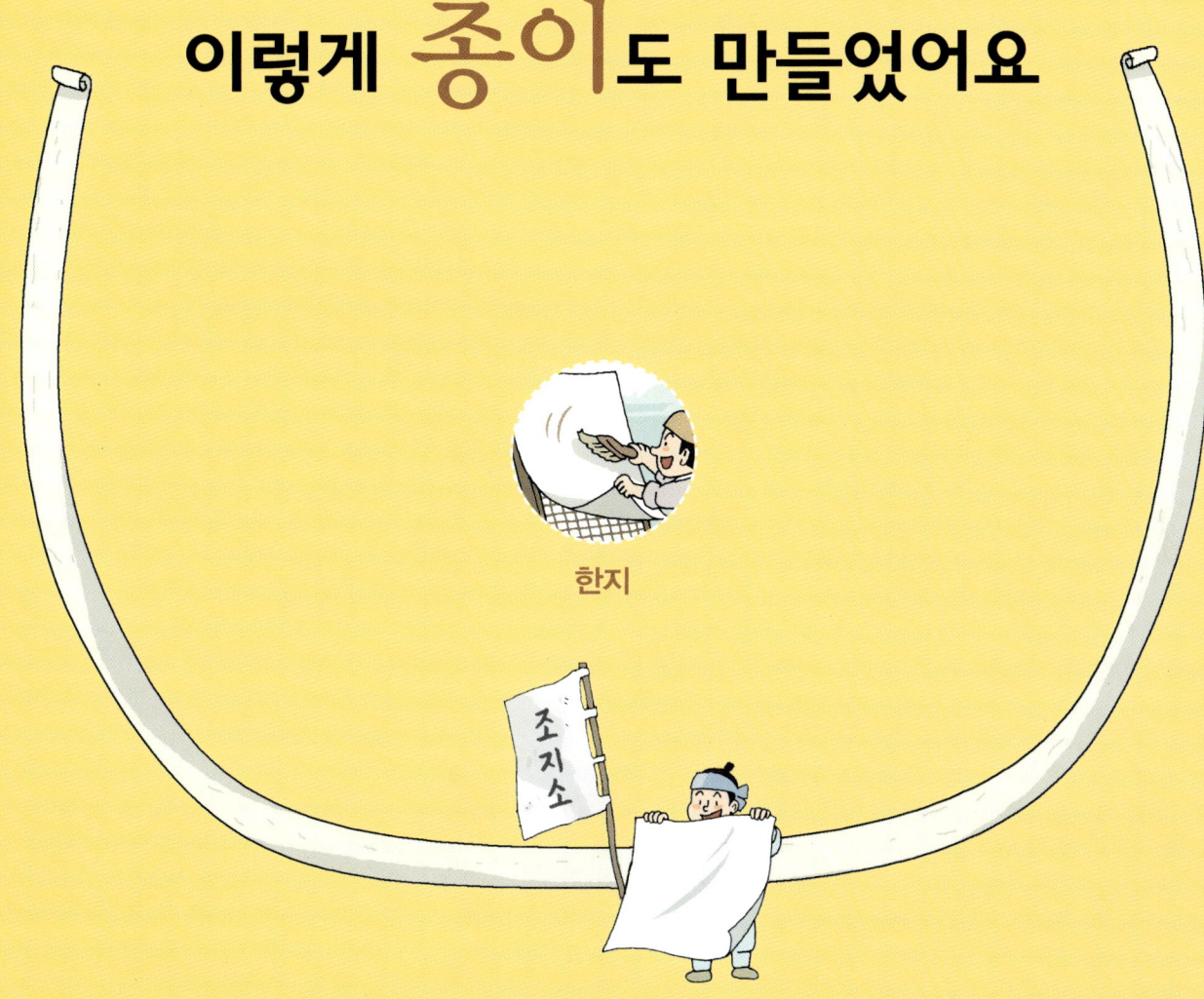

한지

인류가 문자를 종이에 기록하기 시작한 것은 그리 오래된 일이 아니에요.
105년경에 중국의 채윤이라는 사람이 드디어 문자를 기록할 수 있는 종이를 발명했어요.
종이의 발명은 인쇄술의 발달을 가져와 인류의 문화 발전에 크게 공헌했어요.
종이를 처음 발명한 나라는 중국이었지만, 동양에서 가장 우수한 품질의 종이를 만든 것은
바로 우리나라였어요. 우리 조상들은 우리 환경에 맞는 원료를 찾아내
그 원료의 특성에 맞는 새로운 기술을 개발해서 고유의 종이를 만들었어요.
이 종이는 중국에서도 천하제일의 종이로 인정받은 '한지'예요.

 # 우리 고유의 종이, 한지

우리 조상들은 우리나라의 자연환경에 알맞은 원료를 찾아내 고유의 종이를 만들었어요.

"나라에서 내로라하는 초지공들은 이곳으로 다 모여든 것 같군."
"초지공이라면 종이를 뜨는 기술자가 아닌가. 그렇다면 저 공장에서 일하는 사람들이 종이 만드는 기술자들이라고?"

조선 태종 때인 1415년, 한양의 창의문 밖 세검정 주변에 새로운 공장이 하나 들어섰어요. 바로 '조지소'라는 관청에서 운영하는, 종이를 생산하는 곳이었지요.

종이를 발명한 중국에 우리의 한지를 수출한다지?

세검정은 가까운 곳에 홍제천이 흐르고, 삼각산에서 흘러내려오는 물이 맑을 뿐 아니라 돌이 많아 종이 만들기에 알맞은 곳이었어요.

조지소에 소속되어 종이를 만드는 장인은 모두 81명으로, 전국에서 선발한 최고의 제지 기술자들이었어요. 종이는 닥나무를 가마솥에 삶고, 껍질을 벗겨 말리고, 말린 껍질을 다시 물에 불려 속껍질을 가려내고, 석회와 나뭇재를 넣어 삶고, 흐르는 물에 씻고, 풀을 섞은 뒤 대발로 물질을 해 묽은 반죽을 떠내는 등 여러 과정을 거쳐 만들어졌어요. 이렇게 만든 종이는 우수한 품질을 인정받아 '조선종이' 라 불리며 중국에 수출되었어요.

우리 민족이 개발한 우리의 종이

종이의 원료로 우리 환경에 맞는 것은 우리나라에서 잘 자라는 닥나무의 껍질이었어요. 우리 민족의 독창적인 기술은 섬유를 갈아서 종이를 만드는 중국과 달리 섬유를 두들겨 만드는 기법이었어요. 그렇게 만든 종이가 바로 한지예요. 주로 닥나무 껍질로 만들어서 '닥나무종이' 또는 '닥종이' 라고 불러요.

창호지에서 갑옷까지 두루두루 쓰이는 종이

우수한 품질을 자랑하는 한지는 창문에 바르는 창호지, 방바닥에 바르는 장판지, 부채나 종이돈인 저화를 만드는 재료로도 쓰였고, 옻칠을 하고 여러 번 겹쳐 갑옷을 만드는 데도 쓰였어요. 한지로 만든 갑옷은 가벼우면서도 강도가 철판 못지않았다고 해요. 오늘날 한지는 공예품을 만드는 재료로도 사용되고 있지요.

기록에 나타난 한지에 대한 찬사

고려의 닥종이는 윤기가 나고 흰 빛이 아름다워 '백추지'라고 부른다.

중국 송나라 손목이 지은 《계림지》

고려 종이는 누에고치 솜으로 만들어져 종이 색깔은 비단같이 희고 질기며, 글자를 쓰면 먹물을 잘 먹어 좋다. 이런 종이는 중국에는 없는 것으로 진귀한 물품이다.

명나라 도융이 편찬한 《고반여사》

고려 종이는 천하에 이름을 떨쳤는데, 그것은 다른 원료를 쓰지 않고 닥나무만을 썼기 때문이다. 그 종이가 하도 매끄럽고 두꺼워서 중국 사람들은 고치종이라고 했다.

조선 후기 이규경이 지은 《오주연문장전산고》

 ## 종이 공예 기법

　방석, 미투리 등을 만들 때에는 종이를 노끈으로 꼬아 만드는 '지승 기법'을 사용했고, 주방용품 등을 만들 때에는 다 쓴 종이를 물에 불려 찹쌀풀을 섞어 점토 또는 죽처럼 발라 만드는 '지호 기법'을 사용했어요. 기물을 장식하는 데는 여러 가지 색으로 물들인 종이를 오려 무늬를 만들어 붙이는 '지장 기법'을, 작은 가구나 함 등을 만들 때에는 종이를 겹겹이 덧붙여 두껍게 만드는 '후지 기법'을 사용했어요.

한지의 특징

한지의 우수성

- 질기고 수명이 오래 간다.(옻칠을 입힌 몇 겹의 한지로 만든 갑옷은 화살도 뚫지 못했으며 《무구정광대다라니경》을 인쇄한 두루마리 종이는 1200년 이상의 세월을 버텨 냈다.)
- 보온성과 통풍성이 뛰어나다.(섬유 사이에 적당한 공간을 가지고 있어 공기와 빛을 통하게 하고 습도를 조절하는 특성도 갖고 있다.)
- 부드럽고 포근한 느낌을 준다.

원료가 되는 닥나무 자체의 강도가 뛰어나다

한지는 주로 닥나무 껍질에서 뽑아 낸 인피 섬유를 원료로 만든 종이예요. 닥나무의 인피 섬유는 목재 펄프에 비해 조직 자체의 강도가 뛰어나고 섬유의 결합도 강해서 질긴 종이를 만들 수 있어요.

닥나무의 섬유질은 엄청 질겨요.

섬유 조직의 배열을 고르게 교차해서 강도를 높이다

조직이 서로 얽혀 잘 찢어지지 않아요.

한지는 한지발틀에 발을 얹어 종이를 뜨는데, 물질을 앞뒤뿐 아니라 옆으로도 해서 섬유 조직의 배열이 전후좌우 얼기설기 90도로 교차되게 했어요. 따라서 섬유질이 고르고, 옆으로 찢었을 때 버티는 강도와 위아래로 잡아당겼을 때 버티는 강도가 높아요.

우리 고유의 마무리 작업으로 표면을 부드럽게 하다

우리 조상들은 한지를 만드는 과정 가운데 마지막 단계로 '도침'이라는 것을 했어요. 이는 약간 덜 마른 종이를 포개거나 풀칠해서 붙여 디딜방아나 방망이로 두들기는 우리 고유의 가공 과정이에요. 이렇게 도침 처리를 하면 종이의 표면이 치밀해지고 표면이 더욱 매끄러워지며 윤기가 나는 효과를 얻을 수 있고 보풀도 없앨 수 있었어요.

이렇게 두들겨야 표면이 부드러워져요.

한지 만드는 과정

❶ 닥나무 찌기
베어 낸 1년생 닥나무를, 껍질이 잘 벗겨지도록 조롱박 모양의 구덩이 위쪽에 넣고 증기로 찐다.

❷ 껍질 벗기기
찐 닥나무의 겉껍질을 벗긴다. 이를 '백피'라고 한다.
(겉껍질이 붙은 채로 벗겨 낸 것을 '흑피' 또는 '조피'라고 하고, 흑피를 흐르는 냇물에 10시간 정도 담가 두어 불린 다음 겉껍질을 칼로 벗겨 낸 것을 '녹피', 푸른 중간 껍질까지 다 벗겨 낸 것을 '백피'라고 한다.)

❸ 건조시키기
햇볕에 말려 건조시킨다.

❹ 담그기
백피를 부드럽게 하기 위해 흐르는 개천에 담가 불린다.

❺ 삶기
백피를 적당한 크기로 잘라 가마솥에 넣고 잿물을 섞어 4~5시간 정도 삶는다.
(전통적인 잿물은 메밀대, 콩대, 짚을 태운 재로 만든 것으로, 요즘 사용하는 양잿물에 비해 섬유의 손상이 적기 때문에 종이의 질이 우수하다.)

❿ 물 빼기와 말리기

종이 뜨는 일이 끝나면 무거운 나무나 돌로 눌러 물기를 뺀 다음 한 장씩 분리해서 햇볕에 말린다. 그 다음, 마지막으로 종이를 치밀하게 하기 위해 몇 장씩 겹쳐 놓고 두드려 준다.

❾ 종이 뜨기

닥죽을 지통에 물과 함께 넣고 대막대기로 200번 정도 세차게 저은 다음 닥풀을 섞어서 휘젓고, 대로 만든 발로 물질을 해서 종이를 떼어 낸다.

❽ 닥죽 만들기

티를 골라낸 닥을 널따란 돌 위에 올려놓고 방망이로 2~4시간 정도 두들겨 죽같이 만든다.

❻ 표백하기

잘 삶아진 원료를 하룻밤 동안 솥에 그대로 놓고 뜸을 들인 후, 흐르는 맑은 물에 씻은 다음 햇볕이 내리쬐는 물속에 5일 정도 담가 두면서 뒤집어 주면 백피가 더욱 새하얗게 변한다.

❼ 티 고르기

물에서 건진 원료에서 작은 모래알이나 잡티 등을 일일이 손으로 건져낸다.

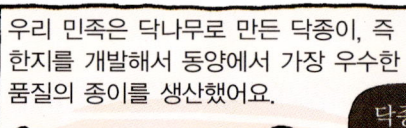

세계 최고의 우리 과학기술 11

이런 의학 서적이 있었어요

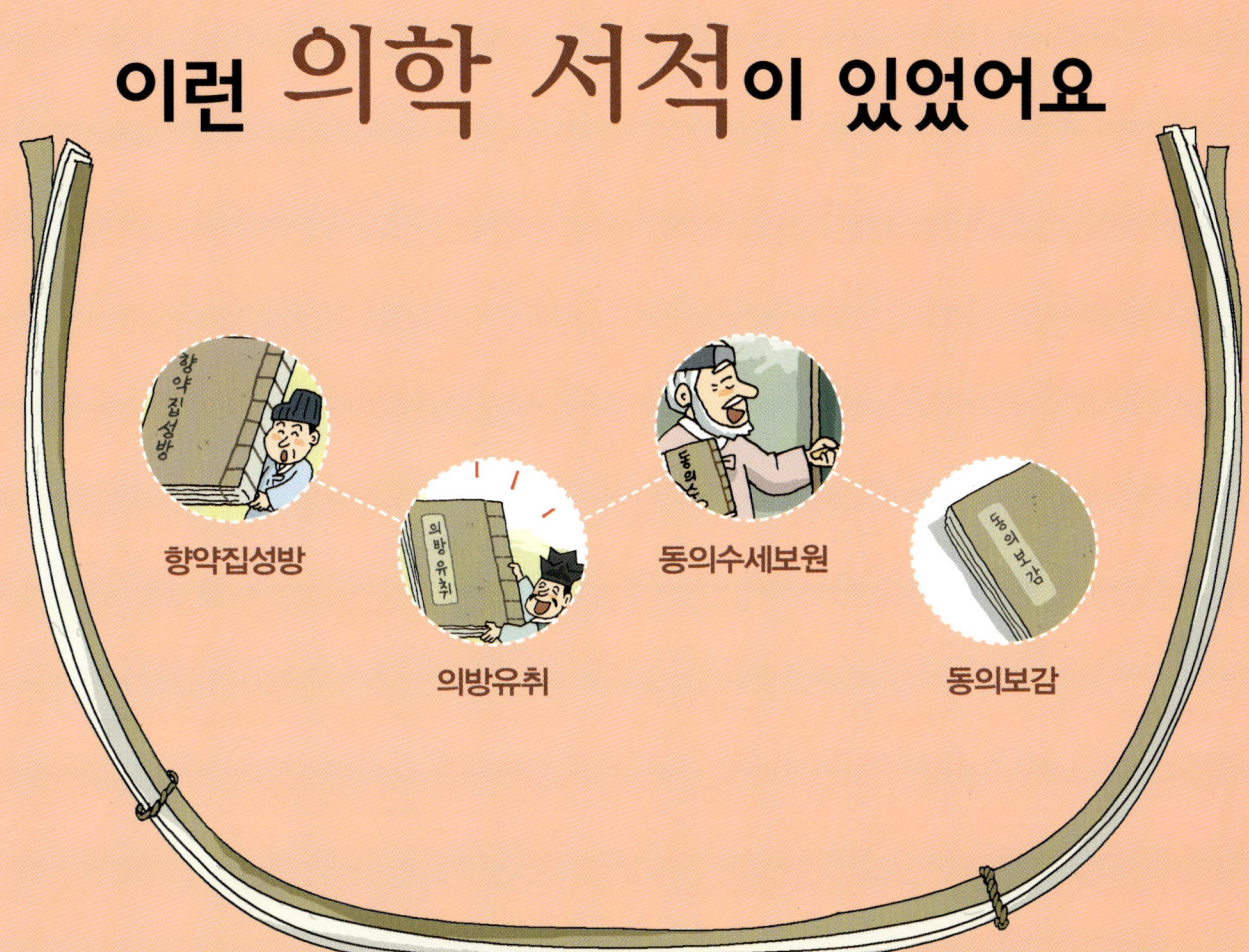

향약집성방
의방유취
동의수세보원
동의보감

몸이 아프면 우리는 병원에 가서 의사에게 진료를 받고 약국에서 약을 지어 먹어요.
이렇게 병이나 상처를 고치는 것을 의술이라고 해요. 인간의 질병이나 상처를 고치고
이를 예방하는 방법 및 기술을 연구하는 학문을 의학이라고 하지요.
우리 조상들도 예로부터 어느 민족, 어느 나라 못지않은 훌륭한 의술을 지니고 있었고
의학을 발전시켜 왔어요. 우리 조상들이 지녔던 뛰어난 의술과 의학의 세계는 어떤 것일까요?
의학에 관한 책들을 통해 알아보기로 해요.

우리 약재를 정리한 향약집성방

우리 땅에서 나는 약재들을 이용해 진료하는 데 도움을 줄 의학 서적이 만들어졌어요.

"어서들 오시오. 조선 최고의 명의들을 이렇게 한 자리에서 보니 무척 반갑구려."
"명의라니요. 당치 않으시옵니다."
"그러하옵니다."
"전하, 그런데 무슨 일로 소신들을 부르셨는지요?"

세종 대왕은 유효통, 노중례, 박윤덕 등 당시 조선 최고의 의학자들을 한 자리에 불러 모았어요. 그러고는 이렇게 말했지요.

"우리 백성들의 질병에는 우리 땅에서 생산된 약재가 더 효능이 있을 것이오. 그런데 가까운 데서 약을 찾으려 하지 않고 멀리 중국에서, 그것도 구하기 어려운 약만 찾고 있소. 결국 약을 찾

> 우리 조선만의 의학 서적을 만들어 봅시다.

지 못하고 제대로 치료도 하지 못해 병마에 쓰러지는 백성들이 많아 안타까울 따름이오."

세종 대왕은 그 자리에 모인 명의들에게 조선의 약재를 사용해서 질병을 치료할 수 있는 의학 서적을 편찬하게 했어요.

그때부터 명의들을 중심으로 전국에서 생산되는 약재의 실태를 조사하고 중국 의학 서적들을 검토하는 작업이 진행되었어요. 그리고 우리 땅에서 쉽게 구할 수 있는 약재들을 연구했어요. 그 결과 1433년, 마침내 우리만의 의학 서적이 탄생했어요. 바로 《향약집성방》이에요.

우리 전통 의학과 중국 한의학이 만나다

《향약집성방》은 세종 대왕의 지시에 따라 1431년에 편찬되기 시작해서 1433년에 간행되었어요. 이 책은 삼국 시대부터 전해 오던 의학 서적과 의학 지식을 기본으로, 중국의 의학서 160여 종을 참고해서 새롭게 만든 의학 서적이에요. 유효통, 노중례, 박윤덕 등 당대 최고의 의학자들이 편찬을 맡았어요.

내과 및 전염병, 외과, 이비인후과, 안과, 산부인과, 소아과, 치과 등에 이르는 모든 질병을 57개 항목으로 나누었고, 침구 목록과 향약 목록을 모두 정리했어요.

향약이라는 말은 '당재'라고 불리던 중국산 약과 구별해서, 우리나라 땅에서 생산되던 모든 약재를 일컫는 말이었어요.

독창적이고 자주적으로 의학 연구를 하다

《향약집성방》은 중국에서 들어온 한방 의학에 우리 민족의 전통 의학을 결합해서, 독창적이고 자주적으로 연구한 결과물이에요. 이를 통해 의학과 의술의 발전을 이루었어요.

조선의 다양한 의학 서적

우리나라의 의학은 발전을 거듭하여 조선 시대에 그 성과가 책으로 정리되어 나왔어요. 《의방유취》, 《동의보감》, 《동의수세보원》이 대표적인 책이에요.

한방 의학 백과사전 《의방유취》

《의방유취》는 1445년(세종 27년)에 편찬된 의학 서적으로, 한방 의학의 백과사전이라고 할 수 있어요. 의료 기술과 의료 행위, 약을 복용하는 방법, 약품 분류 등이 정리되어 있고, 중국의 중요한 고전 의서를 바탕으로 91개 질병과 그 증상, 치료약 등도 정리해 놓았어요. 총 365권으로 편성되었으나 수차례의 교정과 정리를 거쳐 266권 264책으로 편찬되었고, 1477년(성종 8년)에 내의원, 전의감, 혜민서, 활인서 등 의술 관련 관청에 반포했어요. 《의방유취》는 동양 최대의 의학 사전으로, 의방은 '의술'을 말하고 유취는 '종류에 따라 모았다.'는 뜻이에요.

의방유취
질병을 종류별로 엮어 치료법 등을 정리한 의학 백과사전

조선 백성들의 건강을 위하여~

 ### 사상 의학에 바탕을 둔 《동의수세보원》

《동의수세보원》은 조선 후기에 이제마라는 의학자가 쓴 의학서예요. 이제마는 이 책에서 그가 새롭게 연구하고 주장한 '사상 의학'이라는 독창적인 의학 이론과 체계를 밝혔어요. 그는 한의학의 바탕이 되어 온 음양오행설에 의존하지 않고, 병의 증세보다는 환자의 체질(기질과 성격)에 중점을 두는 사상 의학에 바탕으로 두고 의술을 행해야 한다고 주장했어요. 그의 주장과 치료법은 한의학의 전통을 벗어난 획기적인 학설로 평가받고 있어요. 이 책은 1894년(고종 31년)에 이제마가 일부를 간행하고 나서 계속 수정, 보완하다가, 이제마가 죽은 뒤 1901년에 제자인 김영관, 한목연 등이 그가 남긴 원고를 정리해서 완간했어요.

같은 질병이라도 체질에 맞는 처방을 해야 합니다.

〈이제마의 체질의학〉
태양인 태음인
소양인 소음인

동양 최고의 의학 서적 《동의보감》

《동의보감》은 조선 중기의 어의(궁궐에서 임금이나 왕족의 병을 치료하던 의원) 허준이 지은 책으로 25권 25책으로 이루어져 있어요. 내경, 외형, 잡병, 탕액, 침구의 5편으로 구성하고, 그 아래에 질병에 따라 항, 목을 정했어요. 그리고 항목 아래에 각 질병의 증상과 처방을 일목요연하게 정리해 놓았어요. 또 세종 때 편찬한 《향약집성방》, 《의방유취》 등 우리나라와 중국의 70여 종의 의학 서적을 인용해 정리했어요.

동의보감의 내용은 무엇일까요?

중국에는 북쪽의 기후와 풍토에 맞게 의학을 정리한 책 《북의》와 남쪽의 《남의》가 있었어요. 허준은 우리나라, 즉 동쪽의 기후와 풍토에 맞춘 의학의 보배라는 뜻에서 '동의보감'이라는 이름을 붙였어요.

 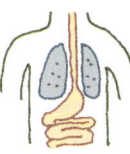 몸의 내장 기관에 생기는 병과 치료법에 대한 내용과 설명

  여러 가지 질병의 원인과 증상, 치료법에 대한 내용과 설명

 침을 놓는 법과 뜸을 뜨는 법에 대한 설명

 몸의 외부 기관(머리, 얼굴, 눈, 코, 입, 귀, 발, 다리, 피부, 머리카락 등)에 생기는 병과 치료법에 대한 내용과 설명

 약과 약재, 약초에 대한 내용과 설명

한의학의 교과서로 인정받다

《동의보감》은 한의학의 모든 분야를 체계적으로 설명한 책으로, 인체의 구조와 원리, 각종 병에 대한 효과적인 치료법을 자세히 설명해 놓았어요. 또한 보는 사람이 쉽고 편리하게 병을 알아내고 처방할 수 있도록 편집했어요. 그래서 우리나라뿐 아니라 중국, 일본 등 동양의 많은 한의사들이 참고해 왔고, 지금도 한의학의 교과서로 여겨질 정도로 널리 읽히고 있어요.

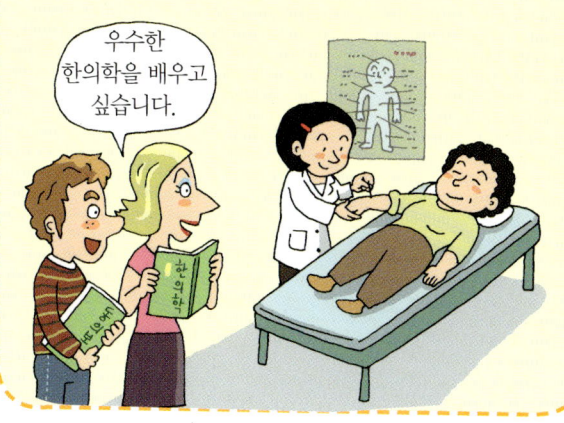

옛날의 의료 기관

고려 시대

태의감 : 고려 목종 때(1000년 무렵) 세워진 의료 기관으로, 왕실의 의약과 질병 치료에 관한 업무를 맡아보던 관청이면서 의료 교육 기관이었다. 뒤에 사의서, 전의시로 이름을 바꾸었다.

혜민국 : 고려 예종 때(1127년)에 설치된 의료 기관으로 서민의 질병 치료를 담당했다. 뒤에 사의서라는 기관에 속했다가 1391년에 혜민전약국으로 이름을 바꾸었다.

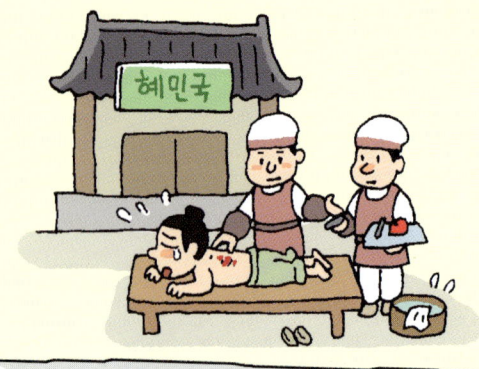

상약국 : 고려 시대 왕실에서 사용하는 약의 조제를 맡아보던 관청이다. 뒤에 봉의서, 상의국 등으로 이름이 바뀌었다가 1391년 전의시에 합쳐졌다.

제위보 : 고려 광종 때(963년)에 설치되어 가난한 백성들의 어려움을 도와주고 질병을 치료해 주던 기관이다. 동서 대비원과 비슷한 기능을 하다가 1391년에 폐지되었다.

대비원 : 행려병자(떠돌아다니다가 병들었으나 치료나 간호를 해 줄 이가 없는 사람)들을 치료하고 음식과 의복을 제공했다. 개경의 동쪽과 서쪽 두 곳에 있어서 보통 '동서 대비원'이라고 불렸다. 서경(평양)에도 설치되었다.

조선 시대

내의원: 조선 시대에 왕의 약을 조제하던 관청으로, 처음에는 '내국'이라고도 불리다가 세종 때 '내의원'이라는 이름의 독립 관청이 되었다. 왕을 비롯해 왕실의 의료를 담당하는 기관이었다.

활인서: 고려의 동서 대비원을 계승해서 가난한 사람들의 구제와 치료를 맡아보던 관청이다. 행려병자나 의지할 곳 없는 사람들의 의료를 맡고 옷과 음식을 제공해 주었다. 전염병이 돌 때에는 임시로 병막을 지어 환자의 간호를 담당했으며 환자가 죽으면 묻어 주는 일도 했다.

제생원: 1397년에 설치된 구호·의료 기관으로 고려 시대의 제위보와 같은 기능을 했다. 특히 여자들의 질병 치료를 위해 여자 의원인 의녀를 키웠고, 미아들의 보호를 맡기도 했다. 각 도의 향약재를 수납하고 정리하는 일도 맡아 보았다. 1406년에 혜민서에 통합되어서도 그 기능을 유지했다.

전의감: 의료 행정과 의학 교육을 담당하던 관청으로, 조선이 세워진 1392년에 설치되었다. 서울의 견평방(견지동)에 설치되어 정부 각 기관에 설치된 약방을 운영하고, 관리들에게 약재를 하사하고, 의과 시험을 주관했다. 의원 교육에서 전의감은 주로 고등 교육을, 혜민서는 하등 교육을 담당했다.

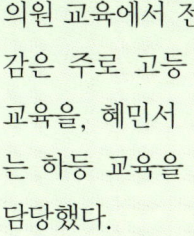

혜민서: 고려의 혜민국을 계승해서 서민들의 치료를 담당했으며, 전의감과 함께 의원 교육의 일도 맡아서 했다.

사람의 체질과 특성에 맞게 약과 의술을 정리한

이제마의 사상 의학

세계 최고의 우리 과학기술 12

이렇게 옷감을 만들었어요

염색 기술

직조 기술

우리 조상들은 신석기 시대에 짐승의 가죽을 이용해
옷을 만들어 입기 시작했어요. 그 뒤로는 옷감을 짜는 기술을 개발해서 옷을 만들어 입었어요.
그러면서 자연에서 얻은 천연 재료를 이용해 옷감에 아름다운 색을 입히는 염색 기술과
우리 민족의 멋을 살린 고유한 옷인 한복을 발전시켜 나갔지요.
우리 조상들이 옷의 재료로 삼은 옷감에는 어떤 것이 있을까요? 그리고 옷감을 염색하거나
옷을 만드는 데에 어떤 기술과 지혜를 발휘했을까요?

 빛깔 고운 염색 기술

우리 조상들은 알록달록 고운 색을 옷감에 들였어요. 몸에도 좋고 빛깔도 고운 천연 염색 기술 덕분이었지요.

고려 문종 때인 1070년 무렵, 새로운 관청이 하나 들어섰어요. 그 관청의 이름은 '도염서'였어요.

"도대체 저 관청에서는 무슨 일을 할까?"

얼마 지나지 않아 사람들은 그곳이 무엇을 하는 곳인지 알게 되었지요. 관청의 너른 마당에 빨랫줄을 여러 개 매고, 붉은색을 비롯해서 주황색, 남색, 녹색 등의 아름다운 색을 물들인 옷감을 널었기 때문이에요. 바로 염료장, 염색장 등의 장인들이 모여 옷감을 물들이는 작업을 하는 관청이었어요.

어느 날, 장인들은 이런 이야기를 나누었어요.

"어떤가? 자주색이 참 곱지? 자초라는 것으로 물들인 것이라네."

"자초? 피를 멎게 하거나 홍역을 낫게 하는 데 효험이 있고, 화상이나 동상, 습진 등 피부 질환에 바르는 약초 아닌가? 자초를 이용해 어떻게 그리 고운 자줏빛을 냈단 말인가?"

"자, 여기 좀 보라고! 자네들도 한번 자초를 써서 염색해 보게."

삼국 시대부터 크게 발달한 **염색 기술**

빛깔을 내는 물질을 이용해서 옷감이나 실 등에 색을 들이는 것을 '염색'이라고 해요. 우리 민족은 이미 삼국 시대 이전부터 옷을 만드는 재료가 되는 실이나 옷감에 염색을 해서 옷을 만들어 입었어요. 삼국 시대부터는 염색 기술을 발달시켜 다양한 색깔의 옷감을 만들어 냈지요. 또한 옷감뿐 아니라 가죽이나 나무, 한지 등에 다양한 재료로 염색하는 기술을 개발하기도 했어요. 고려 시대에는 염색을 전문으로 하는 '도염서'라는 관청을 따로 두고, 염색 기술을 발전시켰어요.

 ### 자연에서 얻은 물질을 이용해 색을 만든 **천연 염색**

우리 민족이 예로부터 발달시켜 온 전통 염색은 자연에서 얻은 물질을 재료로 색을 들이는 염색이었어요. 꽃, 나무, 풀, 흙, 돌, 조개 등의 자연에서 얻은 천연 염료를 이용했기 때문에 '자연 염색' 또는 '천연 염색'이라고 부르지요. 한편 옷감에 직접 물들지 못하는 염료를 결합시키는 물질을 '매염제'라고 하는데, 매염제 역시 천연 재료를 이용했어요.

염색 기술의 특징

자연과 과학, 예술이 조화를 이루다

우리 조상들은 자연에서 아름다운 색을 얻을 수 있는 우수한 염료를 발견했고, 염료와 매염제, 물의 양을 적당히 혼합하는 비율에 대해 끊임없이 연구했어요. 그리고 염색 재료의 특성과 염색 방법에 대해서도 연구를 거듭했지요. 그 결과 수백 종에 이르는 색을 찾아냈고, 그 색을 효과적으로 물들이는 방법을 개발했어요. 염색의 과정 자체가 과학이며 예술이었던 거예요.

무공해 천연 섬유로 건강과 환경을 이롭게 하다

전통 옷감은 모두 자연이나 사람에게 피해를 주지 않는 무공해 천연 섬유예요. 삼베는 섬유 자체에 곰팡이 균을 억제하는 항균 기능을 지니고 있어 좀이 슬지 않으며, 삶거나 빨아도 본래의 항균 기능을 유지할 수 있어요. 모시는 섬유질이 질겨 10년 이상 입어도 해지지 않을 뿐 아니라, 빨아 입을수록 빛이 바래지 않고 더욱 희어지며 윤기가 나는 장점도 지니고 있어요. 또한 비단은 알레르기, 아토피 등으로 피부가 약한 사람에게 좋아요.

자연에서 색을 얻다

전통 옷감이 천연 섬유여서 사람의 몸에 좋듯이, 천연 염색 역시 자연에서 얻은 색으로 물들이는 것이어서 사람의 몸에 유익해요. 천연 염료는 대부분 약초로 쓰이는 것이어서 피부를 보호해 주고 질병을 예방해 줄 뿐 아니라, 재료의 특성에 따른 여러 가지 치료 효과까지 지니고 있어요. 현대에 황토나 쑥물을 들인 속옷을 개발한 것도 바로 천연 염색의 장점을 되살린 것이지요. 또한 천연 염색은 자연에서 얻은 색이라서 자연을 바라보듯 눈의 피로를 풀어 주고 사람의 정서를 차분하게 안정시켜 주어요.

환경오염을 줄이다

천연 염색에 사용하는 염료와 매염제 역시 자연에서 얻은 것이에요. 따라서 환경오염을 줄여 주어 환경 보호에 도움을 준답니다. 인공적으로 만든 화학 매염제는 농약, 살충제, 방부제 등으로 사용되기도 하는데, 분해되지 않는 성분을 갖고 있어서 수질 오염 등의 환경오염을 일으켜요. 이에 반해 천연 매염제는 대부분 자연에서 분해되는 것이어서 수질 오염을 훨씬 줄일 수 있지요.

 # 우리 민족의 직조 기술

우리 민족은 오래전부터 옷감을 짜는 직조 기술을 발달시켜 왔어요.
삼베, 모시, 비단, 무명 등의 옷감이 있었지요.

베틀 같은 도구를 이용해 옷감을 짜는 것을 '직조'라고 불러요. 우리 민족은 신석기 시대부터 '가락바퀴'라는 도구를 이용해 실을 만들어 왔고, 그 뒤 베틀을 만들어 실을 엮어 옷감을 짰어요. 삼국 시대부터는 삼베나 모시는 물론, 누에고치에서 뽑은 실로 비단을 짜기도 했고, 비단에 무늬를 넣어 옷감을 짜기도 했어요. 고려 말에는 목화솜에서 뽑은 실로 무명을 짜서 부드럽고 따뜻한 옷을 만들어 입었어요.

세로 실 (날실)
가로 실(씨실)이 담겨 있는 '북'
날실과 씨실을 밀착시켜 다지는 '바디'
날실과 씨실이 합쳐져서 짜인 옷감이 완성되어 말려 있어요.
날실 → 씨실

 ## 우리 조상들이 개발한 옷감의 종류

삼베 : 삼베는 뽕나뭇과에 속하는 삼이라는 식물로 만든 옷감이에요. 살에 닿는 촉감이 차갑고 까칠까칠하면서 땀을 잘 흡수하기 때문에 여름철 옷감으로 주로 사용되었어요. 상복이나 승복이 주로 삼베옷이었지요.

비단 : 비단은 누에고치에서 뽑은 실로 짠 옷감이에요. 광택과 촉감이 뛰어나고 구김이 잘 가지 않아 모양이 아름다울 뿐 아니라 염색이 잘되어 여러 가지 색깔로 화려한 옷을 만들 수 있었어요.

모시 : 모시는 쐐기풀과의 식물인 모시풀의 껍질로 짠 옷감이에요. 여름철 옷감으로 사용했지만, 올이 곱고 광택이 나서 삼베보다 고급스러운 옷을 만드는 데 사용했어요.

무명 : 무명은 목화솜에서 뽑은 실로 짠 옷감이에요. 고려 말에 원나라에서 전래된 뒤 가장 널리 쓰이는 옷감이 되었어요. 부드럽고 따뜻해서 겨울철 옷감으로 주로 사용되었지요.

옷감 만드는 과정

모시

❶ 모시 수확
모시풀 줄기의 껍질을 벗긴다.

❷ 모시 말리기
다듬은 모시 껍질을 햇볕에 말린다.

❸ 모시 째기
모시를 앞니로 물어 당겨서 가늘게 쪼갠다.

❹ 모시 삼기
모시 올을 이어서 무릎에 대고 비벼 꼬아 모시 실(날실)을 만든다.

⬇

삼베

❶ 삼 찌기
삼줄기를 뜨거운 수중기에 쪄낸다.

❷ 껍질 벗기기
줄기에서 껍질을 분리해 깨끗이 손질한다.

❸ 삼 쪼개기
속껍질을 손톱으로 눌러 당겨 가늘게 쪼갠다.

❹ 삼 삼기
가늘게 쪼갠 삼 올을 이어서 비벼 꼬아 삼실을 만든다.

⬇

무명

❶ 씨 빼기
씨 빼는 기구인 씨아를 이용해 목화 솜에서 씨를 빼낸다.

❷ 고치 말기
솜을 일정한 크기로 말아서 고치(솜뭉치)를 만든다.

❸ 무명실 뽑기
물레를 이용해 고치에서 실을 뽑아낸다.

❹ 날실 모으기
여러 개의 날실 실꾸리를 한 올로 합쳐 뽑아 고른다.

⬇

비단

❶ 누에치기
알에서 태어난 누에에 뽕잎을 주어 키운다.

❷ 누에고치 만들기
누에가 미세한 실을 토해 고치를 만든다.

❸ 실 뽑기
뜨거운 물에 누에고치를 넣고 젓가락으로 저어서 고치들의 실을 한 데 모아 붙여 한 올로 뽑아낸다.

❹ 날실 모으기
여러 개의 비단실을 하나로 모아 고른다.

⬇

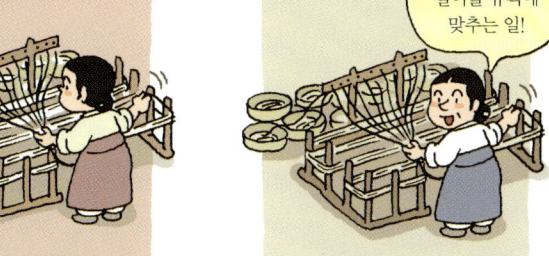

아하! 만화

우수한 품질로 원나라를 놀라게 한

고려의 모시

세계 최고의 우리 과학기술 13

이런 그릇도 있었어요

- 상감 청자
- 분청사기
- 백자
- 옹기

우리 조상들은 신석기 시대부터 그릇을 만들어 사용했어요.
그 후 시대의 변화에 따라 새로운 재료를 개발하고, 제작 기술을 발달시키고,
예술적인 요소를 결합해서 우리 민족 고유의 그릇을 만들었어요. 우리 민족 특유의
위대한 과학 정신도 담아냈지요. 우리 조상들이 만든 그릇 가운데 세계에 자랑할 만한 멋지고
실용적인 그릇에는 어떤 것이 있을까요? 그리고 어떤 과학기술이 숨어 있을까요?

푸른 빛의 신비, 고려의 상감 청자

고려 사람들은 신비스러운 푸른 빛깔을 개발해 도자기에 입히고, 아름다운 문양을 새겨 넣었어요.

　하얀 물보라가 뭉게구름처럼 피어오르는 초록빛 바다, 하얀 새털구름이 파도처럼 둥실거리는 푸른 하늘이 한 폭의 그림처럼 어우러진 어느 바닷가 마을이었어요. 이곳 가마터에서 도공들이 열심히 도자기를 굽고 있었어요.
　'이곳의 맑고 푸른 하늘을 그대로 담은 듯하구나! 드디어 우리가 만든 도자기의 푸른 빛깔이 중국의 월주 가마에서 만든 것보다 더 깊이가 있구나!'
　도공들은 고려의 도공들이었고, 푸른 빛깔의 도자기는 바로 청자였어요. 이 마을이 있는 곳은 한반도 남해의 서쪽에 위치한 강진이라는 곳이었어요.
　강진의 도공들처럼 고려의 도공들은 대를 이어가며 평생을 바쳐, 신비롭고도 아름다운 푸른빛의 청자를 완성했어요.
　고려 도공들은 1157년경에 새로운 기술을 개발해서 매우 독창적인 청자를 만들어 냈어요. 바로 상감이라는 공예 기법을 청자에 응용한 상감 청자였어요.

> 가을 하늘을 담을 듯, 그윽한 빛깔이 깊이가 있어 보이는구나.

반짝 질문

도자기는 무엇일까?

❶ 도자기는 '도기'와 '자기'를 합쳐서 부르는 말로, 질흙을 빚어 형태를 만들고 높은 온도에서 구워 낸 모든 그릇이나 물건을 말해요.

❷ 일반적으로 자기는 1,200도 이상의 고온에서 복잡한 과정을 거쳐 구운 것으로, 두드려 보았을 때 금속과 같은 맑은 소리가 나고 튼튼해요. 청자와 백자, 분청사기가 해당되지요.

❸ 도기는 그보다 낮은 온도에서 비교적 단순한 과정을 거쳐 만든 것으로, 두드려 보았을 때 탁한 소리를 내며 자기보다는 약해요. 옹기나 타일이 해당되지요.

❹ 그릇을 구울 때 액체나 기체가 스며들지 못하게 하고 겉면에 광택이 나도록 유약이라는 잿물을 덧씌워 구운 것을 도자기, 유약을 바르지 않고 700~800도 정도의 낮은 온도에서 구운 것을 토기라고 해요.

※ **질흙** : 미세한 알갱이로 이루어져 있고 끈적끈적한 성질을 가진 흙

푸른빛의 자기 청자

푸를 청(靑), 사기그릇 자(瓷)라는 말뜻처럼 청자는 '푸른 사기그릇'으로, 청록색이 감도는 유약을 바르고 구워 낸 도자기예요. 청자는 고대 중국의 은나라 때에 만들기 시작해서 당나라를 거쳐 송나라 때에 이르러 크게 발달했지요. 우리나라는 10세기 무렵인 고려 중기부터 청자를 수입해 청자 만드는 기술을 알아내어 만들기 시작했어요. 그 뒤, 고려 사람들은 신비스러운 푸른 빛깔을 독자적으로 개발해서 도자기에 입혀, 청자의 고향인 중국에 수출할 정도로 뛰어난 청자를 만들었어요.

운학문표형 주전자 / 운학모란 국화문매병 / 봉황연당 초문대접

상감 청자 만들기 - 상감 기법

❶ 청자의 표면에 문양이나 그림을 그린 뒤 파내어 새긴다(음각).

❷ 파낸 부분에 질이 다른 희거나 붉거나 검은 흙을 바르고, 표면을 매끄럽게 평면으로 만든다.

❸ 가마에 넣고 살짝 굽는다(초벌구이).

❹ 다시 유약을 바르고 말린 다음 더 높은 온도에서 다시 구우면(재벌구이) 완성!

아하! 과학기술

고온에서 구워 견고한 자기를 만들다

고려청자와 같이 1,200도 이상의 고온에서 구운 자기는 당시에 중국과 우리나라에서만 생산되었어요. 고온에서 견딜 수 있는 흙을 찾아 불순물을 제거한 다음, 철분의 함량과 유약의 두께를 적당히 유지하고, 도자기를 굽는 가마 안의 온도와 공기의 양을 조절하는 등 까다로운 여러 과정을 거쳐야만 했기 때문이에요.

금속 공예와 나전 칠기 기법을 적용하다

금속이나 목재의 표면에 여러 가지 무늬를 새겨서 그 속에 같은 모양의 금, 은, 보석, 뼈, 자개 따위를 박아 넣는 공예 기법을 '상감 기법'이라고 해요. 주로 나전 칠기와 금속 공예에 사용하던 기법이지요. 고려 도공들은 이 상감 기법을 적용해서 상감 청자를 세계 최초로 만들었어요. 상감 청자를 만들려면 청자의 바탕흙과 상감에 쓰이는 흙의 성분을 잘 알아 수축과 팽창 정도를 같게 하고, 그 위에 덧씌우는 유약의 팽창 비율을 잘 맞추어야 했어요.

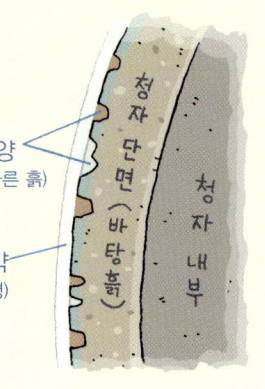

문양 (색이 다른 흙) / 유약 (투명) / 청자 단면 (바탕흙) / 청자 내부

청자가 쇠퇴하면서 유행한 분청사기

조선 전기에 새로운 도자기가 유행했어요.
청자나 백자와는 다른 아름다움을 보여 주는 분청사기였어요.

분청사기는 회색의 바탕흙 위에 백색의 점토로 표면을 입힌 다음 유약을 바르고 구워 낸 도자기예요. '분장회청사기'의 준말로, 회청사기에 하얗게 분장을 해서 꾸민 자기를 말해요. 회청사기는 회색빛을 띤 파란색의 사기예요. 분청사기는 고려가 망하고 조선이 세워지면서 청자가 쇠퇴하기 시작한 14세기 중반부터 백자가 본격적으로 생산되는 16세기 중반까지 약 200년간 유행했어요. 거듭된 실험 제작을 통해 다양한 종류의 도자기가 만들어졌어요.

상감쌍어문매병
박지모단당초문편병
모란물고기무늬장군

 ### 여러 기법을 사용하다

처음 만들 때는 상감 기법, 인화 기법 등을 사용하다가 15세기 후반부터 귀얄 기법, 덤벙 기법 등을 사용해 백토를 바르는 부분이 많아지면서 백자에 가까운 모습을 띠었어요. 분청사기는 실용적인 형태가 많으며, 문양은 소박하면서도 의미와 특성이 잘 살아있어요. 그래서 분청사기는 자연스러운 멋을 지니게 되었지요.

인화 기법
작은 크기의 무늬도장을 눌러 찍고 그 홈에 흰 흙을 메우는 기법

귀얄 기법
흰 흙물을 귀얄(풀로 엮은 붓)로 찍거나 발라 자국을 남기는 기법

덤벙 기법
흰 흙물에 그릇을 덤벙 담가 입히는 기법

음각 기법
흰 흙을 입힌 뒤 문양을 선으로 파내어 그리는 기법

기품 있는 백자와 실용적인 옹기

조선의 사대부들은 순백색의 백자를 무척 좋아했어요.
한편 서민들의 생활 곳곳에서는 옹기를 찾아볼 수 있어요.

달 항아리
산수화조문대호 (청화백자)
철화매화문소호

하얀색의 자기 백자

백자는 말 그대로 백색의 자기를 말해요. 순백색의 바탕흙 위에 투명한 유약을 입혀서 구워 낸 거예요. 청자가 발생한 시기와 거의 비슷한 10세기 무렵인 고려 시대부터 만들어졌어요. 그러다가 조선 시대에 중국 명나라 백자의 영향을 받아서 청자보다 높은 온도에서 구운 강하고 단단한 백자가 만들어졌어요. 15세기 후반부터는 국가에서 운영하는 광주의 가마에서 본격적으로 생산되어 조선을 대표하는 도자기로 발달했어요. 조선의 지배층인 사대부들은 유교의 영향을 받아 검소, 순결, 고고한 기품을 높은 가치로 여겼어요. 그래서 우아하고 깨끗한 아름다움을 지닌 백자를 특별히 좋아했지요. 백자는 사대부들의 사랑에 힘입어 더욱 발달했답니다.

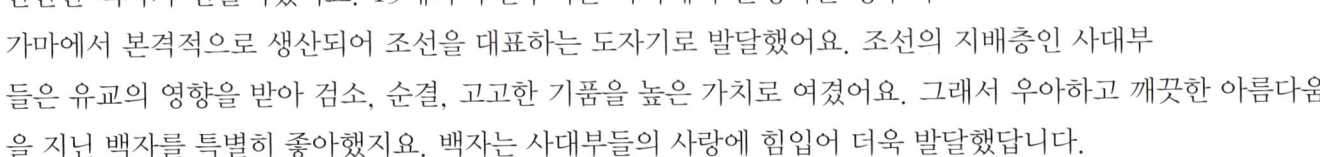

청자나 분청사기보다 기술적으로 발전하다

백자를 만드는 것은 원료를 선택하거나 굽는 방법 등의 기술적인 면에서 청자나 분청사기보다 훨씬 까다로워요. 백자를 만드는 재료가 되는 흙(백토)은 금속 성분이 거의 들어 있지 않은 순수한 흙으로 흰색을 나타내는 정도(백색도)가 뛰어나야 했어요. 그리고 형태 만들기에 좋은 끈끈한 힘(점력), 높은 온도에서 구워도 처음의 상태를 유지할 수 있는 정도(내화도)도 청자나 분청사기보다 뛰어나야 했어요. 유약도 청자나 분청사기보다 더 높은 온도에서 구워도 흘러내리지 않고, 흰색과 광택을 높여 주는 것을 재료로 사용해야 했기에 처음부터 많은 실험을 거쳐야 했답니다.

백자는 모양 만들기가 쉽지요.

나머지 과정은 무척 까다롭다면서요?

빙글 빙글

질그릇과 오지그릇을 아우르는 옹기

옹기는 '질그릇'과 '오지그릇'을 아울러 이르는 말이에요. 질그릇은 진흙으로 그릇을 만든 뒤 잿물을 바르지 않은 채 600~700도로 구워 낸 그릇이에요. 오지그릇은 질그릇에 잿물을 입혀 1,200도 이상의 고온에서 다시 구워 낸 윤이 나고 단단한 그릇이고요. 옹기는 삼국 시대나 그 이전부터 제작, 사용된 우리 민족 고유의 생활 그릇이에요. 음식을 보관하거나 음식을 만들거나 물건을 운반할 때 등 생활 곳곳에서 다양하게 쓰였지요. 간장, 고추장, 된장, 김치 같은 발효 식품을 비롯해 소금, 깨, 고춧가루 등의 양념 그리고 물이나 술, 기름 같은 액체를 담아 두기도 했어요. 그리고 떡을 찌거나 콩나물을 키우는 시루, 소주를 증류시키는 데 쓰는 소줏고리, 식초를 만드는 식초병도 옹기를 이용했어요.

숨 쉬는 그릇

옹기의 재료인 찰흙에 들어 있는 수많은 모래 알갱이는 그릇 벽에 아주 작은 공기구멍을 만들어 주어요. 이 구멍으로 물은 통하지 않지만 공기는 통해서, 발효 식품이 썩지 않고 적당히 발효되게 해 주지요.

방부성이 뛰어난 그릇

옹기를 구울 때 연료인 나무가 타면서 생겨난 검댕이 옹기에 입혀지면서 물질이 변질되는 것을 막는 방부제 역할을 해요. 또한 유약을 입힐 때 사용하는 잿물 속의 재도 방부제 효과를 높여 주지요.

자연을 보호하는 그릇

옹기는 사람의 몸에 해를 주지 않을 뿐 아니라, 못 쓰게 되면 다시 흙으로 돌아가는 성질이 뛰어난 그릇이에요. 옹기의 주원료와 잿물의 재료가 모두 자연 그대로의 원료이기 때문이지요.

항아리와 장독대

과학의 원리와 조상들의 지혜가 담긴

세계 최고의 우리 과학기술 14

이런 지도도 만들었어요

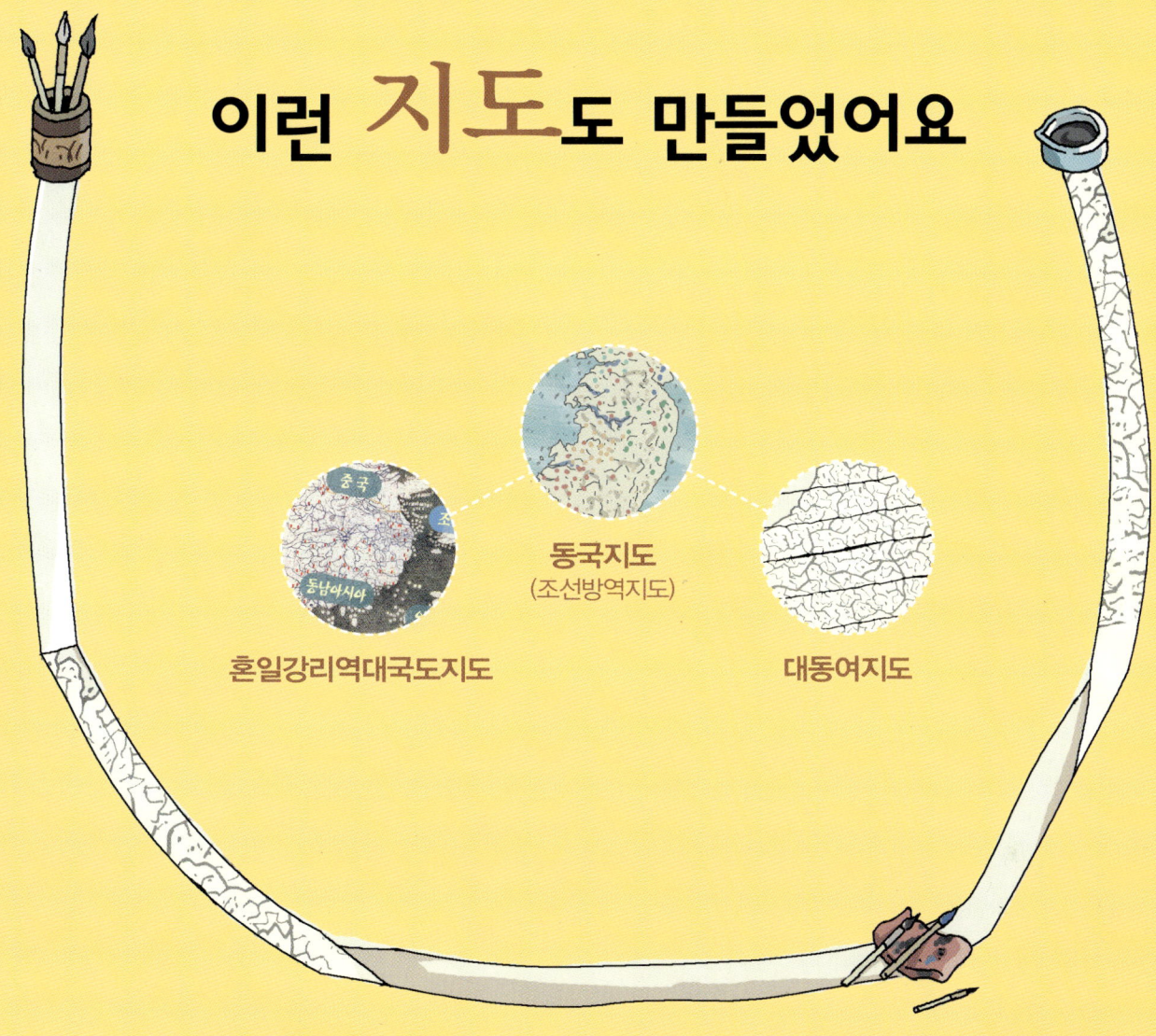

혼일강리역대국도지도

동국지도
(조선방역지도)

대동여지도

정확한 지도를 그리려면 지형의 위치, 모양, 면적, 고도 등을
정확하게 재는 측량술이 뛰어나야 해요. 얼마나 정확한 지도를
만들 수 있는지에 따라 나라의 경제, 문화, 과학, 기술 등의 수준을 짐작하기도 했고,
지도를 나라 사이의 영토와 주권의 범위를 결정짓는 기본적인 자료로 삼기도 했어요.
그래서 세계 여러 나라는 오래전부터 정확한 지도를 그리기 위해 많은 노력을 기울여 왔지요.
우리 조상들의 지도 만드는 수준은 어떠했을까요?

현재까지 전하는 가장 오래된 세계 지도, 혼일강리역대국도지도

15세기에 조선이 세계의 중심에 있음을 알리는 지도가 만들어졌어요. 바로 '혼일강리역대국도지도'예요.

"검상, 자네는 어느 정도 완성했나? 그리고 우의정 대감은?"
"금주 내로 작업이 마무리될 것 같습니다. 우의정 대감님도 그렇다고 하옵니다."
1402년, 조선 최고의 행정 기관인 의정부에서 좌의정인 김사형이 의정부 실무를 담당하는 이회와 들뜬 표정으로 이야기를 나누었어요.
그로부터 1주일 정도가 지난 뒤 좌의정 김사형, 우의정 이무, 검상 이회, 이렇게 세 사람은 각자 맡아 완성한 부분의 지도를 가지고 모였어요. 그리고 하나로 합쳐 새로운 세계 지도를 완성했는데, 그 지도가 바로 '혼일강리역대국도지도'였어요.

드디어 세상을 담은 우리 지도가 완성되었군.

아시아와 아프리카, 유럽까지 그리다

혼일강리역대국도지도는 가로 164센티미터, 세로 148센티미터의 크기인 대형 지도이며, 아시아와 아프리카, 유럽을 모두 포함하고 있어요. 중국의 세계 지도인 '성교광피도'와 '혼일강리도'를 바탕으로 삼았고, 다양한 자료를 수집한 뒤 새롭게 만든 세계 지도예요.

 ### '혼일강리역대국도지도'를 만든 이유

1402년에 조선이 '혼일강리역대국도지도'를 만든 이유는 세계의 중심에 조선이라는 나라가 있음을 알리기 위해서였어요. 또한 북방의 여진족과 남쪽의 왜구가 세력을 뻗치는 등 빠르게 변하는 당시 국제 정세에 대응하고, 나라를 세우며 옮긴 도읍과 행정제도를 정비하기 위해서였어요.

당시에 그려진 세계 지도 가운데 가장 우수한 지도

'혼일강리역대국도지도'는 우리나라와 중국이 일본이나 다른 대륙들에 비해 상대적으로 크게 그려져 있고, 일본의 서해안 지역이 북쪽을 향하고 있으며, 압록강의 상류와 두만강의 위치가 정확하지 않아요. 하지만 우리나라의 서해안과 동해안의 해안선은 현재와 별 차이가 없고, 하천과 산도 매우 정확하게 그려져 있어요. 이 지도는 현재까지 전하는 동양에서 가장 오래된 세계 지도이며, 당시에 그려진 세계 지도 가운데 가장 우수한 지도로 평가받고 있답니다.

아하! 그땐 이런 과학기술이 있었군요 129

우리나라를 실제로 측량해서 그린 동국지도

조선 전기의 문신인 정척은 세종 대왕의 명을 받아 땅을 살피는 지관과 그림을 그리는 화원들을 데리고 조선의 경계가 되는 지역을 돌아다니며 거리를 실제로 측량했어요. 정척의 작업은 양성지에게 이어져 1463년(세조 9년) '동국지도'가 제작되었어요. 이 지도는 우리나라를 실제로 측량해서 그린 최초의 지도예요. '기리고거'라는 거리 측량 기구를 사용했어요.

'동국지도'의 사본 조선방역지도

'동국지도'의 원본은 지금 전해지지 않고, 베껴 그린 몇 개의 지도만 전해지고 있어요. 그중의 하나인 '조선방역지도'는 임진왜란 전후에 왜군에 의해 일본으로 건너 갔다가 1930년대에 조선사편수회에서 다시 가져왔어요. 현재 국사편찬위원회가 소장하고 있어요. 제작 연대는 1557년 무렵이며 가로 61센티미터, 세로 132센티미터 크기예요.

기리고거 : 일정한 거리를 가면 소리가 나는 수레

거리를 재는 기구 기리고거

❶ 기리고거는 어떤 곳에서 다른 곳까지 이르는 거리를 '리(里)' 단위로 세는 기구로, 수레처럼 생겼어요. 417년 중국에서 처음 사용했다고 전해지며 조선에서는 세종 때 사용한 것으로 기록되어 있어요.

❷ 수레는 2층으로 되어 있고 각 층에 나무 인형과 북(징)이 있었어요. 수레가 1리를 가면 아래층의 나무 인형이 북을 치고, 10리에 이르면 위층의 나무 인형이 징을 쳐서 거리를 알렸어요.

❸ 큰 바퀴가 1번 회전할 때마다 톱니바퀴를 통해 회전수를 알도록 만들어, 100번 회전하면 자동적으로 아래층의 나무 인형의 손에 연결되어 북을 치게 하고, 열 번째가 되면 위층의 나무 인형에 연결되어 징을 치게 만들었어요.

❹ 1441년(세종 23년) 세종은 왕비와 함께 온양에 가면서 말이 끄는 '기리고거'를 타고 서울과 온양의 거리를 알았다는 기록이 있어요.

정확함을 자랑하는 대동여지도

조선 후기에 김정호는 산맥, 하천 등 지형 하나하나를 정확하게 표시한 지도를 만들었어요. '대동여지도'가 완성된 것이지요.

모두 22첩. 이렇게 접을 수 있답니다.

'대동여지도'는 1861년 김정호가 완성한 우리나라 지도로, 조선에서 만든 지도 가운데 가장 크고, 가장 과학적인 지도예요. 가로 약 20센티미터, 세로 약 30센티미터의 조각 22첩을 이어 만든 지도로, 한 조각은 가로 80리(32킬로미터), 세로 120리(48킬로미터)의 지역을 묘사하고 있으며 서울과 그 부근, 서울 시내 등 주요 지역의 부분도가 따로 있어요. 전체를 펼쳐 이으면 가로 약 3미터, 세로 약 7미터의 완전한 우리나라 전도가 돼요. 축척은 약 16만분의 1이에요.

정확하고 보기 쉬우며 가지고 다니기 편리한 지도

'대동여지도'는 세계에서도 유례를 찾아보기 힘들 정도로 산맥과 하천의 흐름을 잘 표현한 지도예요. 해안선과 지형은 매우 정확하며, 산을 산맥과 독립된 산, 독립된 산의 집결로 나누어 그렸고, 도시와 마을, 행정 요지와 군사 기지 등도 성격과 크기에 따라 기호와 크기를 다르게 사용해서 눈에 잘 띄게 했어요. 또한 전체를 연결하면 한 폭의 거대한 조선 지도가 되어, 보기 쉽고 가지고 다니기도 쉽게 만든 지도랍니다.

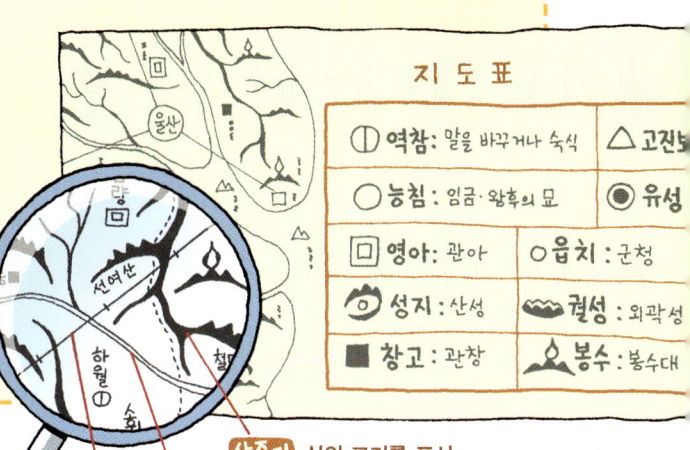

지도표
- ① 역참: 말을 바꾸거나 숙식
- △ 고진보
- ○ 능침: 임금·왕후의 묘
- ◉ 유성
- ▢ 영아: 관아
- ○ 읍치: 군청
- 성지: 산성
- 궐성: 외곽성
- ■ 창고: 관창
- 봉수: 봉수대

- **산줄기** 산의 크기를 표시
- **강줄기** 배가 다닐 수 있는 물길은 쌍선으로 표시
- **도로** 물길과의 구별을 위해 직선으로 표시(10리마다 눈금 표시)

아하! 만화

우리 국토의 모습을 정확하고 생생하게 담은

김정호의 지도

세계 최고의 우리 과학기술 15

이런 과학 기기도 발명했어요

자격루

앙부일구

측우기

수표

여러 부품이 하나로 짜여 사람들이 하는 일을 도와주거나 어려운 일을 대신해 주는 것을 기계나 기구라고 해요. 그리고 기계나 기구를 통틀어서 '기기'라고 하지요. 다양한 과학 기기의 발명은 인류의 생활을 편리하게 해 주었을 뿐 아니라 과학기술의 발전에 큰 역할을 했어요.
우리 조상들도 놀라운 지혜와 우수한 과학기술의 힘으로 훌륭한 과학 기기를 발명해서 세계를 깜짝 놀라게 했답니다. 우리 조상들이 발명한 과학 기기에는 어떤 것이 있을까요?

자동 물시계, 자격루

물의 압력과 부력, 지렛대의 원리 등 과학의 원리를 이용한 물시계가 만들어졌어요. 장영실이 만든 자격루였지요.

1434년 6월, 경복궁의 남쪽에 '보루각'이라는 3층짜리 건물이 새로 지어졌어요. 보루각은 장영실이 발명한 과학 기기를 설치하기 위해서 지어진 건물이었어요. 그 과학 기기는 바로 '자격루'라는 물시계였지요.

"시(時)에 따라 종이 울리고, 인형이 밖으로 나와 시각까지 알려 주고……. 참으로 대단한 시계로구나! 중국에서도 이렇게 훌륭한 시계는 만들지 못했을 거야!"

세종 대왕은 보루각 안에 설치된 자격루를 보고 크게 기뻐했어요. 장영실에게 칭찬도 아끼지 않았지요.

> 오시(11~13시)를 알리는 소리입니다. 자격루는 이렇게 자동으로 시각을 알려 줍니다.

땡

2년 전에 세종 대왕은 "스스로 종을 쳐서 시각을 알리는 시계를 만들라."고 장영실에게 명령을 내렸어요. 자격루가 만들어지기 전에도 물시계가 있었지만, 사람이 물시계의 눈금에서 잠시도 눈을 못 떼고 시간의 변화를 확인해야 했어요. 혹시 졸거나 조금만 주의를 게을리하면 시각을 알릴 때를 놓쳐 벌을 받아야 했지요. 세종 대왕은 이를 안타깝게 여겨 자격루를 만들게 한 것이에요.

장영실은 그때부터 중국에 가서 서양과 중국의 자료를 모으고 2년에 걸쳐 연구를 거듭했어요. 그 결과, 자동으로 시각을 알려 주는 장치가 달린 물시계인 자격루를 완성했지요.

자명종 장치를 갖춘 최첨단 물시계

시 : 하루를 12로 나눈 것으로 오늘날의 2시간에 해당한다.
경 : 하룻밤을 다섯으로 나눈 것.
점 : 경을 다섯으로 나눈 것.

자격루는 물시계가 되는 물 항아리와 물받이 통, 물시계로 측정한 시간을 시·경·점에 따라 종·북·징소리로 바꾸어 주는 시보 장치로 구성되어 있어요.

- 파수용호(물 항아리)
- 시간이 표시된 눈금 잣대
- 북, 징, 종을 치는 시보 인형
- 시간 측정 장치
- 수수용호(물받이 통)
- 시간이 표시된 시보 인형
- 자동 시보 장치

일정량의 물과 구슬을 이용해 시보 장치가 자동으로 작동하도록 만들었단다.

장영실

아하! 물로 얻는 부력 에너지와 쇠구슬이 떨어지는 운동 에너지로 작동되는 원리군요.

 자격루의 작동 원리

물의 흐름을 이용, 부력으로 잣대가 일정하게 오르면서 구슬을 낙하시켜 시보 장치를 움직이도록 만든 자격루의 작동 원리는 오늘날의 신호 변환기와 같은 최신 기계 원리와도 비슷하답니다.

❶ 큰 항아리의 물이 작은 항아리를 거쳐 물받이 통으로 흘러내려간다. 이 과정을 통해 매일 일정량의 물을 정확하게 흘려보낸다.

❷ 물받이 통에 물이 차면서 나무 잣대가 점점 떠올라 2시간 간격으로 작은 구슬을 건드려 떨어뜨린다.

❸ 시보 장치로 굴러 들어온 작은 구슬은 큰 쇠구슬을 밀쳐 떨어뜨린다.

❹ 아래로 떨어지는 큰 쇠구슬이 수저 모양의 막대를 누르면 그 힘으로 인형의 팔을 움직여 종, 북, 징을 쳐서 소리로 시간을 알린다.

❺ 수저 모양의 막대를 누르고 통과한 구슬은 지렛대 위로 떨어지고, 그 반작용으로 시각이 표시된 시보 인형이 튀어 올라와 몇 시인지를 알려 준다.

흘러내리는 물의 양은 1시간에 약 15리터 정도였고, 지렛대 장치의 부품 약 150~200개와 쇠구슬 70여 개로 작동했을 것으로 추측하고 있어요.

아하! 그땐 이런 과학기술이 있었군요

해시계나 별시계보다 편리한 물시계

시계가 없었던 옛날에는 해와 달, 별자리를 보면서 시간을 추측했어요. 그렇지만 해가 보이지 않는 밤이나 날이 흐리고 비가 와서 달이나 별자리의 움직임을 알 수 없는 경우에는 시간을 알기가 어려웠어요. 이런 이유에서 생겨난 것이 물시계랍니다. 물을 채운 용기에서 작은 구멍으로 물을 내보내 물높이가 내려간 정도로 시간을 측정하는 것이지요. 기원전 1400년경 이집트에서 물시계가 처음 사용되었어요. 우리 조상들은 삼국 시대부터 각루 또는 누각이라는 물시계를 만들어 사용했어요.

반짝 질문 — 삼국 시대의 물시계는 어떻게 생겼을까?

신라는 누각을 설치하고 누각전이라는 관청에서 표준 시간을 알려 주었어요. 백제는 물시계의 원리를 일본에 전해 주기도 했어요. 삼국 시대에 만들어진 물시계는 나무나 돌로 계단을 만들고 위에서부터 물을 내려 보내는 항아리 3~4개를 일렬로 배열한 모양이었어요. 각 항아리에 일정한 양의 물을 담아 두고 작은 구멍을 통해 다음 물받이 항아리로 흘러 내리게 했지요. 맨 아래 항아리의 수면이 높아지면 꽂아 둔 나무자의 눈금에 의해 시간을 측정했답니다.

아하! 과학기술 — 자동 제어 장치를 적용하다

어떤 장치가 자동으로 판단해서 조작하는 것을 '자동 제어'라고 해요. 자동으로 시간을 측정하고 알려 주는 자격루 역시 물의 압력과 부력, 지렛대의 원리 등 과학의 원리를 정밀한 기계 장치에 적용한 자동 제어 장치라고 볼 수 있어요. 15세기 기술로는 믿기 어려운 최첨단 과학 기기인 것이지요.

오목한 해시계, 앙부일구

조선 세종 대왕 때에 솥처럼 생긴 해시계가 만들어졌어요.
해의 그림자로 시각과 절기를 알 수 있는 앙부일구였어요.

앙부일구의 구조

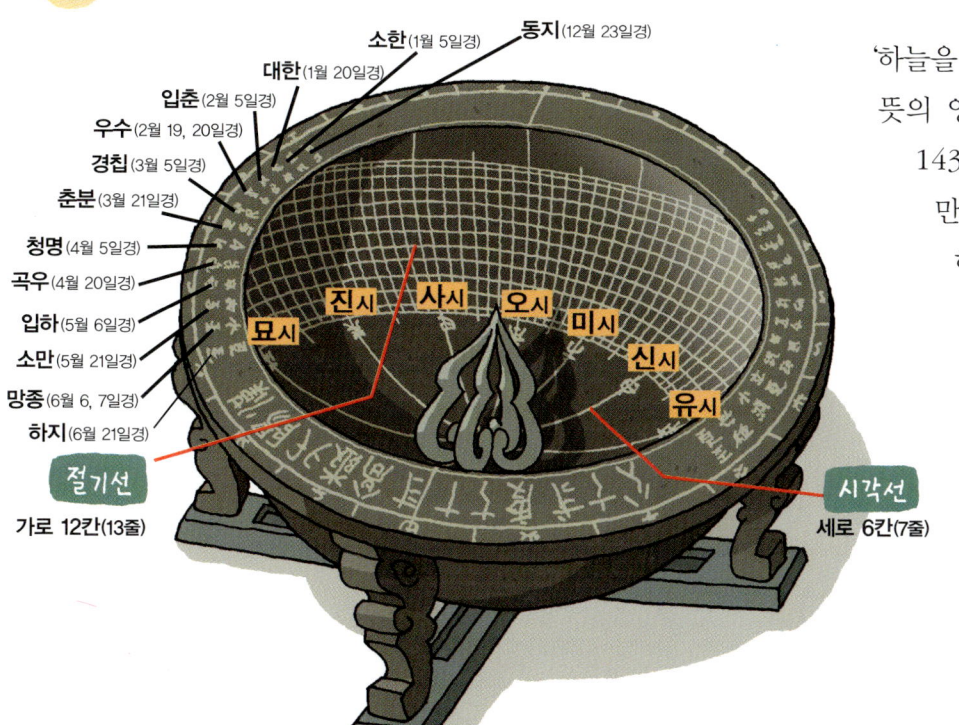

'하늘을 쳐다보는 솥 모양의 해시계'라는 뜻의 앙부일구는 조선 세종 대왕 때인 1434년에 장영실, 이천, 김조 등이 만들었어요. 평면 해시계가 아니라 하늘을 도는 해처럼 입체적으로 오목하게 만든 것으로, 해의 그림자를 통해 시각뿐 아니라 계절의 기준이 되는 절기까지 알 수 있었어요.

절기선	동지에서 하지까지 가로 12칸으로 1년 12달을 표시하고, 영침의 뾰족한 그림자는 15일 간격으로 한 달에 2칸씩 지나가며 날짜(절기)를 가리킨다.
시각선	옛날에는 하루를 자시, 축시, 인시, 묘시, 진시, 사시, 오시, 미시, 신시, 유시, 술시, 해시 등 12개로 나누었다. 그러나 앙부일구는 해시계이기 때문에 해의 그림자가 생기는 묘시(오전 5시~7시)부터 유시(오후 5시~7시)까지의 세로 7개 선만을 나타냈다.
시반 	가마솥처럼 생겨 해의 그림자를 받으며, 가로 방향으로 13개의 선을 그어 절기(계절)를 알게 했고, 이 선에 수직으로 선을 그어 시각을 알게 했다.
영침 	시반의 경사면에 막대기 모양의 바늘이 북극을 향해 비스듬히 꽂혀 있다. 영침의 그림자가 어디를 가리키는지를 가로 세로로 살펴 절기와 시각을 동시에 알 수 있다.

아하! 그땐 이런 과학기술이 있었군요

앙부일구의 특징

시각과 날짜를 한꺼번에 보여 주다

앙부일구는 시각만을 읽을 수 있는 평면 해시계와 달리, 오목한 반구의 모양을 하고 있어서 해의 그림자의 위치와 길이 두 가지를 한꺼번에 측정할 수 있었어요. 이를 통해 시각은 물론 계절(날짜)까지도 정확하게 알아낼 수 있었지요. 그래서 작은 크기로 만들어도 시각선, 계절선을 나타내는 데 효과적인 해시계였어요.

누구나 편리하게 시간을 알 수 있게 하다

세종 대왕은 신분을 막론하고 누구나 편리하게 시간을 알 수 있도록 앙부일구를 2개 만들어 사람들이 많이 다니는 종로의 혜정교 위에 1개, 종묘 앞 남쪽 거리에 1개를 설치했어요. 앙부일구를 공공 시계로 삼은 것이지요. 또한 시계 안의 시각을 나타내는 눈금에는 12지를 상징하는 동물의 인형을 그려 넣어 글자를 읽을 줄 모르는 사람들도 시간을 알 수 있도록 했어요.

해의 움직임을 정확히 반영하다

앙부일구가 나타내는 시각은 오늘날 우리가 사용하는 시계의 시각과 딱 맞지는 않아요. 앙부일구는 날마다 달라지는 해의 높이와 위치에 따라 시각을 나타내지만, 오늘날의 시계는 1년의 평균값을 낸 것이기 때문이에요. 오늘날의 시계와 맞지 않는다고 해서 앙부일구가 정확하지 않은 것은 아니에요. 오히려 앙부일구는 그때그때 해의 움직임에 따라 시각을 알려 준다는 점에서 오늘날의 시계보다 훨씬 더 정확하다고 할 수 있어요.

비의 양을 재는 그릇, 측우기

비가 어느 정도 오는지는 농사에 아주 중요했어요.
그래서 세종 대왕 때 비의 양을 재는 측우기를 만들었어요.

주척
우량계에 고인 빗물의 양을 재는 자로 2밀리미터 단위까지 강우량을 잴 수 있다.

우량계
지름이 너무 넓거나 좁으면 측정 오차가 생긴다. 측우기의 지름은 현재의 것과 거의 비슷할 정도로 대단히 과학적인 크기이다.

측우대
가운데 홈을 파서 우량계를 안정적으로 놓을 수 있게 한 돌 받침대.

측우기는 강우량 즉, 비의 양을 재는 기구로 세종 대왕 때인 1441년에 처음 만들어졌어요. 돌로 만든 측우대 위에 대나무 통처럼 생긴 것을 올려놓고, 비가 완전히 그쳤을 때 '주척'이라는 자를 측우기에 똑바로 꽂아 고인 빗물의 높이를 재었어요. 그리고 측정한 비의 양과 비가 내리기 시작한 때, 그친 때를 정확히 기록해 두었지요. 우량계는 철로 만들어졌고 깊이가 약 41센티미터, 안쪽의 지름이 약 16센티미터예요. 지방의 관청에서는 흙으로 빚어 구운 자기나 와기로 만들기도 했어요.

세계 최초로 비의 양을 재다

측우기는 세계에서 처음 만들어진 강우량 관측기구예요. 그전까지는 빗물이 땅속으로 스며들어간 정도를 보고 강우량을 측정했는데, 비가 오기 전에 흙이 머금고 있던 습기의 양에 따라 같은 양의 비가 오더라도 흙이 젖어 들어간 깊이가 달랐지요.

세계에서 가장 오랫동안 강우량을 기록하다

서양에서는 1639년에 이탈리아의 가스텔리가 처음으로 측우기를 만들어 사용했어요. 조선 초기의 강우량 기록은 거의 없어졌지만 1770년 이후 서울 강우량의 기록이 남아 있기 때문에, 현재까지 합한 서울 강우량 기록은 세계에서 가장 오랫동안 이어진 강우량 관측 기록이랍니다.

수표

하천의 물 높이를 재는

※ 주척: 길이를 재는 단위. 1척은 약 21센티미터

세계 최고의 우리 과학기술 16

이런 문자를 발명했어요

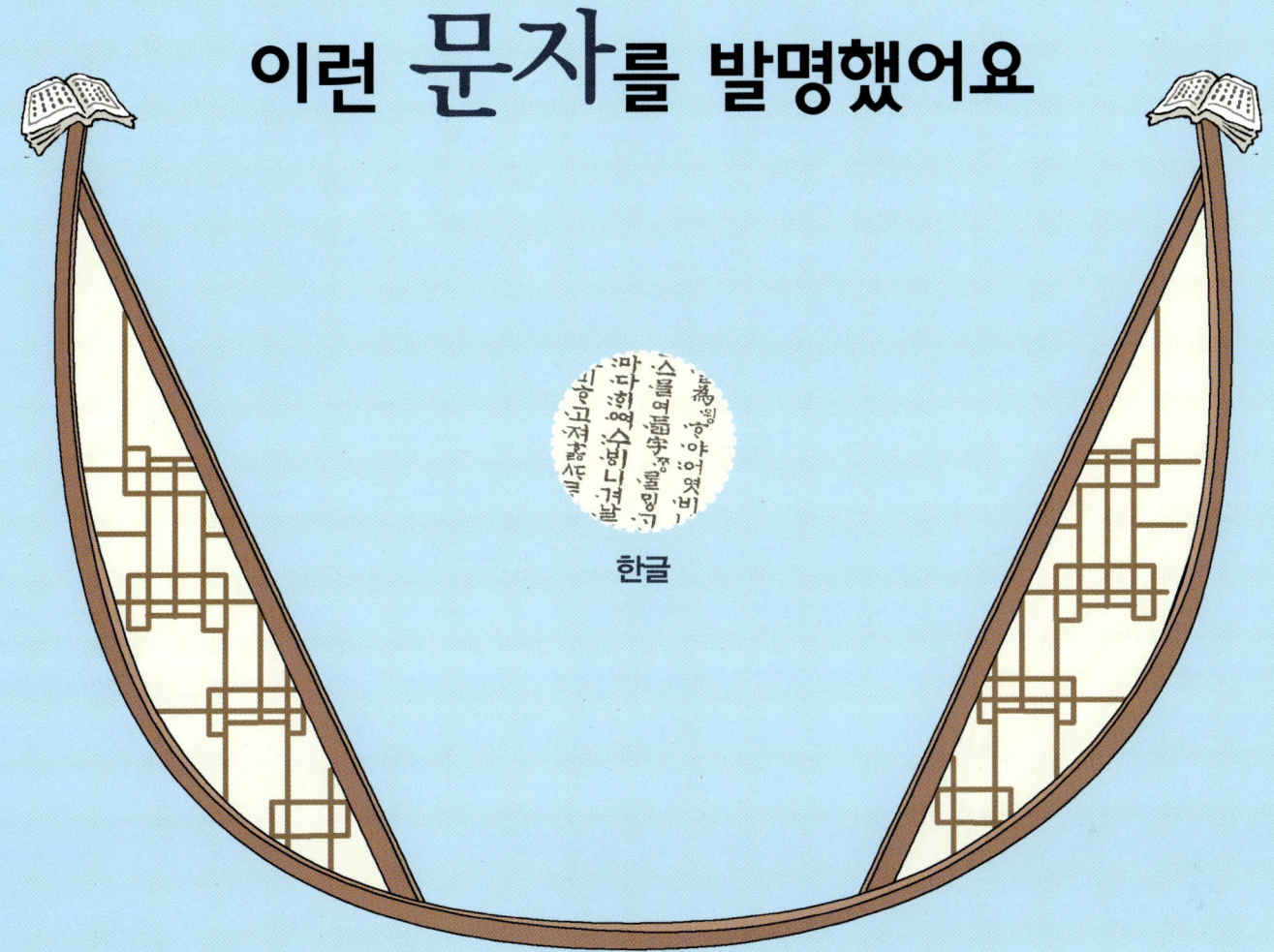

한글

오늘날 전 세계에는 3,000여 개의 언어가 있고, 이 가운데 100여 개의 언어만이
글자를 가지고 있어요. 그중에 문자를 만든 목적, 만든 사람,
만든 시기가 명확한 문자는 무엇일까요?
그런 문자는 단 하나, '한글' 뿐이에요. 한글은 언어학자들로부터
세계의 수많은 문자 가운데 가장 과학적인 문자로 평가받고 있답니다.
한글의 우수성과 한글에 담긴 뛰어난 과학성을 살펴볼까요?

우리 고유의 글자, 한글

세종 대왕은 글자를 몰라 어려움을 겪는 백성들을 위해 우리 글자를 만들었어요.
이렇게 해서 세계적으로 우수함을 인정받는 한글이 탄생했어요.

1436년, 세종 대왕은 세자를 불러 당분간 나랏일을 대신 처리하라고 하면서, 그 이유를 이렇게 이야기했어요.

"내가 중요한 연구를 해야 하는데, 무척 중요해서 집현전 학자들에게만 맡길 수 없다."

세종 대왕이 하고자 했던 연구는 바로 백성을 위해 글자를 만드는 일이었어요. 그때부터 세종 대왕은 세자와 의정부에게 나랏일을 맡기고, 글자를 만드는 일에 몰두했어요.

세종 대왕은 우리 조상들이 언어에 대해 쓴 옛 책들을 읽는 것은 물론, 신하들을 시켜 중국, 인

> 백성 누구나 쉽게 배워 쓸 수 있는 우리 고유의 글자가 될 것이로다.

도, 일본, 몽골, 티베트 등 세계 각국에서 언어에 대한 책을 구해 오게 해서, 그 책들을 참고하며 열심히 연구에 연구를 거듭했어요.

눈병을 치료하러 지방으로 요양을 갔을 때에도 세종 대왕은 글자를 연구하는 일만은 손에서 놓지 않았어요. 그렇게 7년 동안을 매일같이 연구해서 드디어 우리 글자를 완성했는데, 그 글자가 바로 '훈민정음', 즉 한글이에요.

백성을 위해 만든 한글

"우리나라의 말이 중국 말과 달라서, 한자와는 서로 통하지 아니하므로, 이런 까닭에 어진 백성들 중에 말하고 싶은 것이 있어도 그 뜻을 나타내지 못하는 사람이 많으니라. 내가 이것을 딱하게 여겨 새로 스물여덟 글자를 만들어 내놓으니, 모든 사람으로 하여금 쉽게 깨우쳐 날로 씀에 편하게 하고자 할 따름이니라."

이 내용은 훈민정음의 머리말이에요. 훈민정음을 만든 동기와 목적이 잘 나타나 있지요.

훈민정음을 만든 동기는 '우리 민족은 독특한 우리의 말이 있는데, 이 말을 담아내는 문자가 없어 남의 나라의 글자(중국의 한자)를 빌려 쓰니 백성들이 자신의 뜻을 표현하지 못하는 점을 안타깝게 여긴 것'이에요. 즉 '조선의 백성이라면 누구나 쉽게 익혀서 생활에 편리하게 쓰게 하고자' 함이었지요.

한민족의 글이자 큰 글

훈민정음은 1443년에 만들어져 1446년에 반포(세상에 널리 퍼뜨려 모두 알게 함)되었어요. 훈민정음은 '백성을 가르치는 바른 소리'라는 뜻이에요. 그렇지만 훈민정음이라는 이름은 세종 대왕 이후에는 거의 쓰이지 않고 '언문', '암클', '아랫글' 등으로 속되게 불렸어요. 그러다가 1913년 한글학자인 주시경 선생이 우리글에 '한민족의 글', '큰 글'이라는 뜻으로 '한글'이라는 이름을 새로 붙였어요. 그때부터 한글이라고 불리게 되었지요.

아하! 그땐 이런 과학기술이 있었군요 145

한글의 특징

배우기 쉽고 편리하게 쓸 수 있는 글자

중국의 한자는 사물의 모양을 본떠서 만들었기 때문에 글자 수가 무척 많아 배우는 데 시간도 많이 걸리고 기억하기도 힘들지요. 영어는 같은 단음이라도 놓이는 자리에 따라 읽는 법이 달라져 단어 하나하나를 발음할 때마다 발음 기호를 살펴 주의를 기울여야 해요. 하지만 한글은 24자(세종 때에는 28자)의 기본 글자만 익히면 우리가 쓰는 모든 말을 표현할 수 있어요.

훈민정음 해례본의 끝에 붙어 있는 정인지의 글 중에는 "슬기로운 사람은 아침을 마치기도 전에 깨칠 것이요, 어리석은 이라도 열흘이면 배울 수 있다."는 내용이 있어요. 한글이 그만큼 배우기 쉬운 글자라는 것이지요.

체계적이고 과학적인 글자

한글의 닿소리(자음)는 사람의 발음 기관인 입속을 관찰해서 소리가 날 때의 모양을 본떠 만들었어요. 그리고 소리가 나는 곳에 따라 '어금닛소리', '혓소리', '입술소리', '잇소리', '목소리' 라는 이름을 붙였어요. 홀소리(모음)는 하늘(·)과 땅(ㅡ)과 사람(ㅣ)을 본떠서 만들었고요. 홀소리가 닿소리와 만나면 셀 수 없이 많은 소리가 만들어질 뿐 아니라 글자가 질서 정연하고 체계적으로 이루어져요.

독창적으로 만든 글자

지구상에 있는 대부분의 글자는 오랜 세월 동안 복잡한 변화를 거쳐 오늘날의 글자가 되었거나, 아니면 일본의 가나 글자나 영어의 알파벳처럼 남의 글자를 흉내 내거나 빌린 거예요. 그러나 한글은 세종 대왕이 독창적으로 만든 글자랍니다.

무엇이든 표현할 수 있는 글자

훈민정음 해례본에서는 한글을 "바람 소리, 학 소리, 닭 우는 소리, 개 짖는 소리까지 무엇이든지 소리 나는 대로 글자로 쓸 수 있다."고 했어요. 또한 한글의 총수는 1만 2천7백68자로, 세계에서 제일 많은 음을 가진 글자이기도 해요.

★ 닿소리의 제작 원리

어금닛소리 ㄱ(기역)은 혀 뒤쪽이 어금니에 닿을 때 나는 소리로, 혀 뒤쪽이 곱사등처럼 굽어 목젖 가까이 붙는 모양을 본뜬 것이에요. 이 소리가 세지면 획을 더해서 ㅋ(키읔)이 만들어져요.

혓소리 ㄴ(니은)은 혀 앞쪽이 우묵하게 구부러지면서 혀끝이 윗니 안쪽에 붙을 때 나는 소리로, 그 모양을 본뜬 것이에요. 이 소리가 세지면 획을 더해서 ㄷ(디귿), ㅌ(티읕)이 만들어지지요. ㄹ(리을)도 혀의 끝을 본뜬 것이지만 근본을 달리했어요.

입술소리 ㅁ(미음)은 아래위 입술이 붙었다 떨어지면서 나는 소리로, 입의 모양을 본뜨고 모나게 다듬은 것이에요. 이 소리가 세지면 획을 더해서 ㅂ(비읍), ㅍ(피읖) 글자가 만들어져요.

잇소리 ㅅ(시옷)은 혀끝과 윗니 사이를 좁혀 그 사이로 바람을 스쳐 내는 소리로, 이 모양을 본뜬 것이에요. 소리가 세지면 획을 더해서 ㅈ(지읒), ㅊ(치읓)이 만들어져요.

목소리 ㅇ(이응)은 거의 소리 없는 글자로 목구멍의 모양을 본뜬 것이에요. 소리가 세지면 획을 더해서 ㅎ(히읗) 등이 만들어져요.

아하! 만화

백성을 사랑하는 마음에서 탄생한

우리글, 한글

삼강행실도
충신, 효자, 열녀를 35명씩 뽑아 그들의 행실을 글과 그림으로 칭송한 책

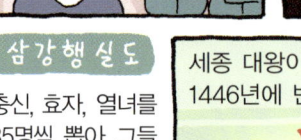
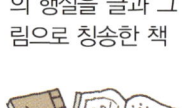

세계 최고의 우리 과학기술 17

이런 과학책도 지었어요

수학의 발달에 큰 영향을 준 유클리드의 《기하학 원론》,
지동설을 주장 코페르니쿠스의 《천구의 회전에 관하여》,
만유인력의 원리를 세상에 처음 알린 뉴턴의 《프린키피아》,
진화론을 주장한 다윈의 《종의 기원》 등 인류의 역사와 세상의 모습을 바꾼 과학책들이 있어요.
그렇다면 우리 조상들이 펴낸 풍륭한 과학책에는 어떤 것이 있고, 그 내용은 어떤 것일까요?

 어류 백과사전, 자산어보

조선 후기에 외딴 섬으로 귀양 간 정약전은 바다의 생물을 연구하여 책으로 펴냈어요. 이 책이 바로 《자산어보》예요.

"아니, 오늘도 선비님께서 창대와 함께 바다에 나와 물고기를 관찰하고 계시네!"
"그러게 말이야. 이곳 흑산도로 귀양살이 오신 지도 벌써 몇 년이 훌쩍 지났는데 저렇게 물고기 연구를 계속하시다니……."

1801년, 정약용의 네 형제 중 둘째인 정약전은 죄인이 되어 남해안의 외딴 섬으로 유배를 가게 되었어요. 서양의 종교인 천주교를 믿고 사람들에게 전한다는 이유였지요.

정약전은 처음에는 우이도라는 섬에 머물다가 흑산도로 거처를 옮기게 되었어요. 그는 흑산도에서 창대라고 불리던 장덕순이라는 청년과 함께 물고기를 비롯한 바다의 생물을 채집하고 조사해서 기록하기 시작했어요.

흑산도의 바다에는 어류가 다양했지만 이름이 알려져 있는 것이 드물었고, 지역에 따라 부르는 이름이 달랐어요. 그래서 정약전은 어류 이름의 표준을 정하고 모양, 습성 등을 정리하기로 했어요.

1814년, 드디어 정약전이 어류에 대해 연구하고 기록한 내용이 책으로 나왔어요.《자산어보》였지요. 우리나라에서 처음으로 편찬된, 바다 생물에 대한 백과사전이었어요. 그렇지만《자산어보》를 완성한 정약전은 2년 뒤인 1816년, 유배에서 풀려나지 못한 채 흑산도에서 세상을 떠났어요.

오늘도 나오셔서 물고기 연구를 하시는군. 언제 봐도 열심이셔.

🌟 우리나라 최초의 **어류 백과사전**

《자산어보》는 1814년, 조선의 실학자인 정약전이 유배지 흑산도 연해의 수산 생물을 실제로 채집해 조사한 결과를 기록한 책이에요. 3권 1책으로 구성되어 있지요. 그 구성을 살펴보면 먼저 정약전이 쓴 서문이 있고, 권1은 비늘 있는 어류, 권2는 비늘 없는 어류와 단단한 껍질이 있는 어류, 권3은 기타 해양 생물류를 다루고 있어요. 해양 생물 55류 226종을 다루고 있지요. 각 어류별 명칭, 지역에 따라 다르게 불리는 이름, 형태, 습성, 맛, 이용법, 잡는 도구나 방법 등이 수록되어 있고 중국의 문헌을 참고해 인용했어요.

우리나라 자연 과학 서적의 보물 《자산어보》의 특징

《자산어보》는 몇 가지의 특징을 갖고 있어요.

첫째는 청어와 고등어의 이동과 분포에 대한 기록이 포함되어 있는데, 이는 현재와 비교할 수 있는 하나뿐인 옛 자료라는 점이에요.

둘째는 각종 수산 동식물이 지역에 따라 어떻게 불리는지 그 방언을 조사해서 기록했다는 점이고요.

셋째는 어류가 의약상 어떤 성질과 기능을 지니고 있는지를 기록했다는 점이에요.

우리 역법, 칠정산 내·외편

세종 대왕 때 중국과 서양의 역법을 연구해서 우리 고유의 역법을 만들었어요. 그 역법을 다룬 책이 바로 《칠정산》이에요.

역법이란 시간을 구분하고 날짜의 순서를 매겨 나가는 방법이에요. 그러려면 밤과 낮, 사계절의 변화, 달의 위치와 모습, 별의 움직임 등을 관찰해서 시간의 기준을 만들어야 했지요. 《칠정산》은 바로 역법을 연구해서 해설한 책이에요. 세종 대왕 전까지는 중국의 역법을 썼는데, 우리의 위도와 경도가 중국과 달라 절기와 일출·일몰 시각 등에 차이가 많았어요. 그래서 세종 대왕이 우리나라의 실정에 맞는 역법에 대한 책을 만들게 했어요. 이순지, 김담 등이 세종의 명을 받아 1442년에 《칠정산내편》을, 1444년에 《칠정산외편》을 만들었어요. 조선의 한양을 기준으로 만들어진 조선의 역법서이자 우리나라 최초의 독자적인 역법서이지요.

⭐ 중국의 역법을 연구한 《칠정산내편》

《칠정산내편》은 중국 원나라의 《수시력》과 명나라의 《대통력》이라는 역법을 연구하여 해설한 책으로 칠정(해, 달, 수성, 목성, 금성, 화성, 토성의 7개 별)의 운동을 계산할 수 있는 수학적 방법을 완성해 놓은 것이에요. 1년의 길이를 현행 그레고리력과 같은 365.2425일로 계산하고 있어요. 《칠정산내편》의 완성으로 천체의 운행에 대한 계산이 완벽해져 한양에서 일어날 일식 등의 천문 현상을 정확하게 예보할 수 있었어요.

아하! 그땐 이런 과학기술이 있었군요 153

서양의 역법을 연구한 《칠정산외편》

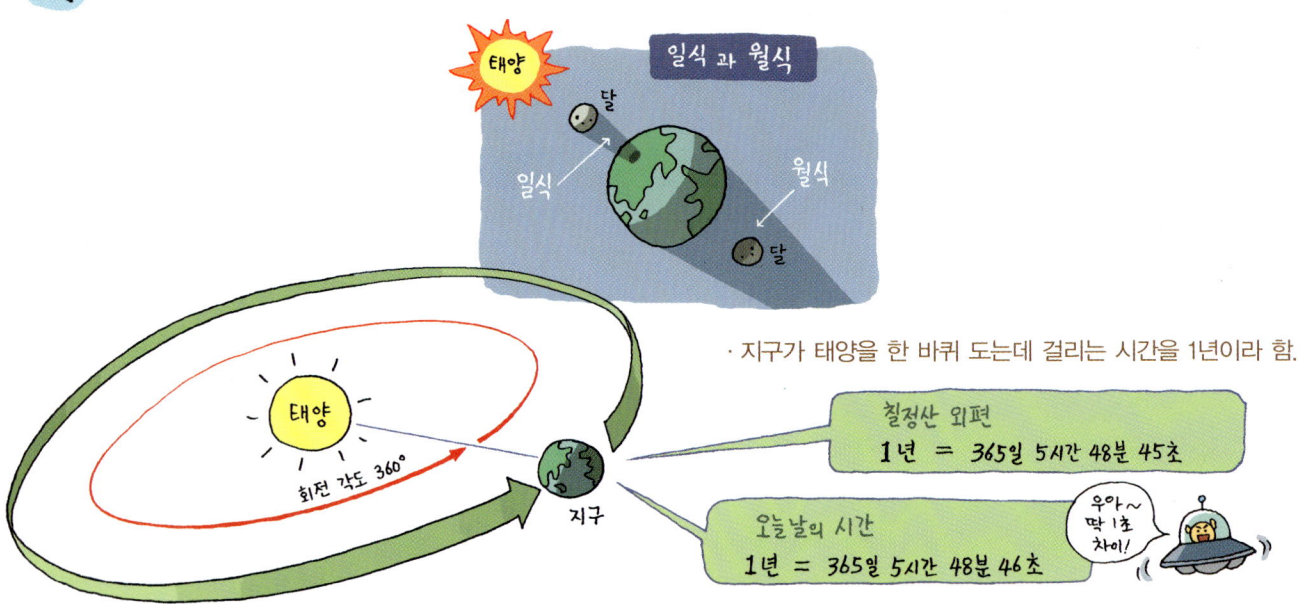

《칠정산외편》은 서양의 역법(원나라에서 이슬람 천문학의 영향을 받아 편찬된 《회회력》을 바탕으로 만들어진 역법으로, 그리스 천문학의 전통을 이어받은 것)을 연구해서 편찬한 책으로, 특히 일식 및 월식의 계산에서 《내편》보다 정확해요. 즉 원주의 각도 계산에서 《내편》은 오차가 있는 데 비해 《외편》은 정확히 360도로 하고 있어요. 그리고 《내편》의 1년은 365일 2,425분으로 되어 있는 데 비해 《외편》은 365일 5시간 48분 45초로 현대의 값보다 겨우 1초 짧을 뿐이에요.

 정밀한 천문 관측기구를 제작하는 계기를 마련하다

세종 대왕과 조선 학자들은 《칠정산》을 편찬하는 과정에서 혼천의, 간의와 같은 정밀한 천문 관측기구들을 직접 제작, 개량해 나갔어요. 이런 기구를 이용해 한양의 경위도와 동지점·하지점의 위치를 정확히 측정해서 새로운 역법의 바탕이 되도록 했어요. 그 결과 《칠정산》은 당시까지 발달한 동서양의 여러 역법 체계를 모두 소화, 정리해서 만든 우수한 역법서였지요.

 외국의 과학기술을 우리의 실정에 맞게 재창조하다

비록 중국의 역법과 이슬람의 역법에 바탕을 두었지만 《칠정산》의 완성으로 우리 민족은 역사상 처음으로 우리나라 실정에 맞는 천문 계산 기술을 가지게 되었어요. 이는 우리 조상들이 외국의 과학기술을 단순히 받아들이는 것에 만족하지 않고, 우리의 실정에 맞게 새롭게 창조했음을 보여 주는 것이에요.

 # 천문 기상학 자료, 서운관지

천문, 역법 등을 맡아보던 서운관의 기록이 조선 후기에 정리되어 책으로 나왔어요. 바로 《서운관지》예요.

《서운관지》는 1818년(순조 18년)에 성주덕이라는 사람이 서운관의 기록을 모아 책으로 펴낸 것이에요. 서운관은 조선 시대의 관청으로 하늘과 땅에서 일어나는 자연계의 여러 가지 이변 현상을 관측해서 기록하고, 역서를 편찬하며, 절기와 날씨를 측정하고 시간을 관장하던 곳이었어요. 성주덕은 이곳에서 역법에 관한 일을 맡아보는 역관이자 천문학자였지요. 이 책은 성주덕이 거의 10년에 걸쳐 수집한 자료를 가지고 우리나라의 천문, 지리, 역법, 기상 관측 등의 내용을 엮은 거예요.

우리나라 천문 기상 연구에 기준이 되다

《서운관지》는 4권이에요. 1권에서는 서운관이라는 기관에 대해, 2권에서는 역서의 제작과 편찬에 대해, 3권에서는 예로부터 전해 내려오는 천문 기상에 관련된 사건이나 현상을, 4권에서는 '서기'라는 항목을 두어 서운관이 소장하고 있는 주요 도서와 관측기구를 다루었어요. 이 책을 통해 황사 현상, 혜성과 유성의 출현 등 조선과 그전 시대의 천문 기상 현상이나 관천대, 혼천의, 간의 등 관측기구에 대해 잘 알 수 있어요. 이 책은 우리나라의 천문 기상학을 연구하는 데 매우 귀중한 자료랍니다.

조선의 실학자 홍대용이 쓴 담헌서

한국과학기술한림원이 선정한

명예로운 과학기술인 25

❶ 화약 제조 기술을 처음 만든 무기 발명가
최무선(1325~1395)

· 화통도감을 설립해 대장군, 이장군, 화전, 주화 등 20여 가지의 각종 첨단 화약 무기를 개발했다.

· 1380년 왜구가 500여 척의 선박을 이끌고 금강 하구의 진포를 쳐들어오자, 화약 무기로 무장한 전함을 이끌고 참전하여 왜구를 크게 무찔렀다.

· 그가 개발한 화약 제조법과 화포 제작 기술은 아들 최해산에게 전수됐다. 최해산은 아버지의 기술을 계승, 발전시켜 조선 초기에 각종 화약과 신무기를 개발했다.

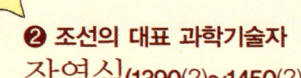

❷ 조선의 대표 과학기술자
장영실(1390(?)~1450(?))

· 이천이 주도하는 금속 활자 만드는 데 참여하여 핵심적인 기술 문제를 해결하는 데 큰 공을 세웠다.

· 이천과 함께 대간의, 소간의, 현주일고, 천평일구, 정남일구, 앙부일구, 일성정시의, 규표 등 우수한 천문 기구를 만들었다.

· 1434년, 우리나라 최초의 물시계인 보루각의 자격루를 만들었고, 1438년에는 옥루라는 또 다른 자동 물시계를 만들어 흠경각에 설치했다.

· 1441년, 세계 최초의 우량계인 측우기와 수표를 발명하여 하천의 범람을 예방할 수 있게 했다.

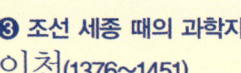

❸ 조선 세종 때의 과학자
이천(1376~1451)

· 1434년에 조선 시대의 금속 활자인 갑인자를 완성하여 인쇄 기술을 발달시켰다.

· 1432년부터 1437년까지 왕실 천문대(간의대)에 비치될 여러 천문 기구 제작 사업을 이끌었으며, 장영실과 함께 많은 천문 기구를 만들었다.

· 저울, 자, 되 등 도량형 기기의 표준화 사업을 주도적으로 펼쳤으며, 1422년에는 세종의 명을 받아 표준 도량형 기기를 제작, 보급했다.

❹ 조선 세종 때의 천문학자
이순지(1406~1465)

· 중국과 서양의 역법을 연구하여 한양을 표준으로 하는 조선의 독자적인 역법인 《칠정산내편》과 《칠정산외편》을 완성했다.
· 천문학의 역사를 정리한 《제가역상집》과, 천문학 교과서라고 할 수 있는 《천문유초》, 《교식추보법》 등을 직접 편찬했다.
· 이천, 장영실 등과 함께 간의를 비롯한 각종 천문 기구 제작에 참여했으며, 수학에도 조예가 깊어 토지 측량에서도 두드러진 공을 세웠다.

❺ 조선 선조 때의 의학자
허준(1539~1615)

· 조선의 의학을 크게 발달시켰다.
· 1610년, 조선과 중국의 전통 의술을 종합하고 병의 증상, 진단, 예방법 등을 정리한 의학 서적 《동의보감》을 완성했다.
· 《동의보감》은 우리나라 전통 의학의 모범이 되었으며, 특히 18세기 이후 현재까지 중국에서만 30여 차례나 인쇄될 정도로 국제적으로 인정받았다.
· 한글 번역이 딸린 민간 응급용 《언해구급방》, 산부인과 소아과를 다룬 민간용 《언해태산집요》, 천연두 예방과 치료에 대한 《언해두창집요》 등 여러 의학 서적을 저술하여 의학을 손쉽게 배우고 의료 기술을 널리 확산시키는 데 큰 역할을 했다.

❻ 조선 영조 때의 실학자
홍대용(1731~1783)

· 《의산문답》이라는 책을 통해 그때까지의 우주에 대한 생각을 비판하고 지구가 움직인다는 지동설, 우주의 중심은 고정적이지 않고 상대적이라는 상대주의적 세계관, 그리고 우주는 끝없이 넓다는 무한 우주론 등을 체계적으로 정리했다.
· 서양 과학을 적극적으로 받아들여, 서양의 수학과 천문학, 천문 기구를 직접 연구한 결과를 담은 《주해수용》이라는 수학책을 지었다.
· 기계 기술자 나경적과 함께 여러 가지 천문 기구를 만들고, 고향 마을에 '농수각'이라는 관측소를 지어 천문 기구들을 설치했다.

❼ 조선 영·정조 때의 실학자이자 과학자
서호수(1736~1799)

· 관상감 제조가 되어 천문 분야를 담당했다.
· 1789년에 그동안 정리되지 않은 표준 시간 체제를 정비했다.
· 서양 수학을 담은 청나라 수학책 《수리정온》과 청나라에서 편찬한 천문·역산 분야의 총서 《역상고성》, 《율려정의》에 대한 해설서를 저술했다.
· 우리나라 전통 농업 기술에 우리나라의 자연 조건을 반영하고 중국의 농업 기술까지 더해 《해동농서》라는 농업책을 편찬했다.

❽ 조선 후기의 지리학자
김정호(1804(?)~1866(?))

· '대동여지도'를 비롯해 '청구도'와 '동여도' 등 조선의 3대 지도를 만들었다. 1834년 편찬된 '청구도'는 조선의 과학적 지도 제작법의 전통을 계승해 종합한 전국 지도로 지금까지 남아 있는 옛 지도 가운데 가장 크다. 1860년 무렵에 편찬된 '동여도'는 채색 지도로 '대동여지도'보다 5천여 개나 많은 지리 정보를 담고 있다. 1861년에 편찬된 '대동여지도'는 조선 시대의 가장 정확한 과학적 실측 지도로 평가되며 널리 보급할 수 있도록 목판본으로 제작되었고, 가지고 다니기 편리하게 일반적인 서적의 형태로 편집, 간행됐다.
· 《동여도지》, 《여도비지》, 《대동지지》의 3대 지리책도 편찬했다.

❾ 우리나라 최초의 여의사
김점동(1876~1910)

· 우리나라 최초의 여성 전문 병원인 보구여관에서 일한 여의사 셔우드(홀 여사)의 영어 통역사로 일하면서 생리학, 약물학 등을 배웠다.
· 1896년 볼티모어여자의학교에 입학하여 4년 과정을 모두 마치고 귀국했다. 서울 보구여관의 책임 의사로 의료 활동을 펼쳤다.
· 1903년 홀 여사와 함께 평양 기홀병원에서 진료를 했고 황해도, 평안도 등을 돌아다니며 무료 진료 활동도 펼쳤다. 홀 여사가 만든 기홀병원 부속 맹인 학교와 간호 학교에서 교사로도 활동했다.

⑩ 우리나라 최초의 이학 박사이자 천문학자
이원철(1896~1963)

· 일제강점기에 독수리자리 에타별이 시간에 따라 팽창과 수축을 되풀이하며 밝기가 변하는 별이라는 것을 관측과 계산으로 밝혔다. 이 연구는 당시 해외 과학 학술지에 발표되었고, 독수리자리 에타별은 '원철별'로 이름이 붙여졌다.

· 광복 후 관상감의 재건에 적극 나서 조선총독부 기상대를 관상대로 재조직하고 초대 대장을 맡았다.

· 관상대 직원을 중심으로 한국기상학회를 조직하여 우리나라에 기상학이 뿌리내리게 했다. 또한 자신의 전 재산을 YMCA에 기부하여 마지막까지 사회 봉사를 실천했다.

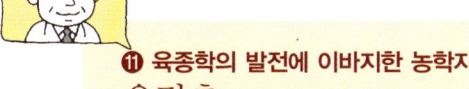

⑪ 육종학의 발전에 이바지한 농학자
우장춘(1898~1959)

· 1935년 채소 종자의 육종 합성에 성공하여 세계 유전 육종학의 발전에 크게 기여했다.(육종은 채소가 가진 유전적인 성질을 이용하여 농업에 유익한 새로운 종을 만들거나 기존의 품종을 더욱 좋게 만드는 일)

· 광복 후 일본에서 귀국해 농업과학연구소 초대소장으로 취임하여 우량 종자 확보와 개발에 힘써 한반도에서 잘 자라며 우리 입맛에 맞는 '한국 배추와 무'를 개발했고, 척박한 땅에서도 잘 자라는 '강원도 감자'와 겨울 추위를 견디는 '제주도 감귤'의 재배법도 개발했다.

· 씨 없는 수박은 그가 발표한 육종 합성 이론을 토대로 그와 친분이 있던 일본 교토대학 기하라 히토시 박사(1947년 발표)가 최초로 개발한 것이다.

⑫ 우리나라 농업 발전에 앞장선 농화학자
조백현(1900~1994)

· 우리나라 전통 식품을 과학적으로 해석하는 데 힘써 일제강점기에 콩나물, 산나물, 김치 등의 영양학적 가치를 밝히는 논문을 발표했다.

· 광복 후 메주의 발효, 곰팡이의 분류 및 그에 따른 번식 방법, 된장과 간장 맛의 관계, 고추장의 성분 분석, 개량 메주의 제조법 등을 연구했다.

· 수원농림전문학교와 서울대학교 농과대학의 학장을 맡았으며, 1962년 퇴임할 때까지 약 37년 동안 우리나라 농학의 기틀을 닦았다.

⓭ 우리나라 현대 화학의 기초를 닦은 화학자
이태규(1902~1992)

· 1931년 일본 교토제국대학에서 박사 학위를 받고 식민지 출신이라는 차별을 뛰어넘어 같은 대학의 교수가 됐으며, 양자화학을 일본에 소개하고 확산시키는 데 크게 기여했다.

· 광복 후에는 미국으로 건너가서 물질의 변형과 흐름 현상을 연구하는 유변학이란 학문 분야에서 '리-아이링' 이론 등 우수한 논문을 내놓으며, 국제적으로 인정받는 이론 화학자로 활동했다.

⓮ 우리나라 산업 기술의 기반을 닦은 화학공학자
안동혁(1906~2004)

· 일제강점기에는 동물 또는 식물에서 채취한 기름인 유지 연구와 공업 용수 조사에서 많은 연구 성과를 냈다.

· 1950년대 상공부 장관으로 일하면서 자금(Fund), 에너지(Force & Fuel), 비료(Fertilizer)로 대표되는 3F 산업 정책을 추진하여 전력, 비료, 판유리, 시멘트, 철강 등 주요 산업이 시작되는 계기를 마련했다.

· 《과학조선》, 《과학시대》라는 대중 과학 잡지를 간행하여, 일반 대중에게 과학기술을 알리고, 사회에 과학기술의 중요성을 인식시키는 일에도 앞장섰다.

⓯ 섬유 분야 발전에 기여한 섬유학자
김동일(1908~1998)

· 일제강점기에 일본인 회사에 근무하면서 동양에서 처음으로 초산 섬유소(아세틸셀룰로이드)의 피막을 사용하여 안전 유리를 만드는 데 성공했다.

· 대한화학회 설립에 참여하여 우리나라 화학계의 국제화에 기여했다.

· 대한요업총협회 회장, 대한요업학회 초대 회장을 맡으며 우리나라의 요업 발전을 위해 애썼으며, 에너지 자원 확보의 중요성을 인식하여 원자력위원회에서 활동했다.

⑯ 우리나라 나비 연구에 업적을 남긴 생물학자
석주명(1908~1950)

· 한국산 나비 분류학을 정립했다.
· 자신의 채집 결과를 바탕으로 한국산 나비 각각의 종에 대한 분포를 연구했고, 우리말과 역사에 대한 열의와 지식을 바탕으로 나비의 우리말 이름 짓기에 앞장섰다. 현재 우리가 사용하고 있는 나비 이름의 대부분은 그가 지은 것이다.
· 조선 시대의 고전에서 나비와 관련된 기사나 인물을 발굴하여 소개했다.

⑰ 사랑의 의술을 실천한 의사
장기려(1911~1995)

· 1959년, 간암 환자의 간 대량 절제술에 성공했고, 간에 대한 많은 연구로 우리나라 간 의학 분야에서 선구적인 업적을 이룩했다.
· 서울대학교, 부산대학교, 가톨릭의과대학교, 부산복음간호전문대학에서 의료 인재 양성에 공헌했다.
· 1951년 부산에 복음병원을 세워 가난한 사람들이 무료로 치료를 받을 수 있게 했다. 1976년에는 청십자병원을 설립하여 무료 진료에 나서는 등 일생을 의료 활동과 사회 봉사 활동에 바쳤다.

⑱ 우리 국토를 위해 헌신한 임학자
현신규(1911~1986)

· 1952년, 리기다 소나무와 테다 소나무의 교잡을 통해 해충과 추위에 강하고 생장과 재질이 우수한 리기테다를 개발했다. 리기테다 소나무의 개발과 보급은 국제식량농업기구에서 탁월한 육종 성과로 인정받았다.
· 1953년, 은백양과 수원사시나무를 교배하여 경사진 땅에서도 잘 자라는 은수원사시나무를 개발했다. 은수원사시는 현신규의 성을 따서 '현사시'라고 부르기도 한다.
· '산 푸르고 못사는 나라 없다'는 생각을 가지고 산림부국론을 주장했다. 우수한 종자의 개발과 보급에 힘쓰면서 평생을 산림 녹화를 위해 힘썼다.

아하! 그땐 이런 과학기술이 있었군요 163

⑲ 한국과학기술연구소(KIST)를 설립한 과학자
최형섭(1920~2004)

- 1966년 한국과학기술연구소(KIST) 초대소장으로 임명되어 연구소를 짧은 기간에 국내 최고의 연구 기관으로 정착시켰다. 이를 위해 해외에서 활동하던 우수한 우리나라 과학기술자들을 유치했다.
- 1971년부터는 7년 반 동안 과학기술처 장관으로 재임하며 대덕연구학원도시 건설을 추진했고, 정보 산업의 발전을 위해 과학기술처에 정보산업국을 설치했다. 또한 기초 과학의 육성을 위해 한국과학재단의 설립에도 노력을 기울였다.

⑳ 물리·화학 분야에서 큰 업적을 이룬 과학자
김순경 (1920~2003)

- 광복 후부터 17년 동안 서울대학교 화학과에서 후진을 양성했고, 미국에 건너가 대학교수로 재직했다.
- 통계역학, 수리물리, 화학, 물리학 분야에서 72편의 논문을 발표하고 4권의 저서, 3권의 역서를 발간했으며 특히 수학의 한 분야인 '군론'을 완성해 국제적으로 인정받았다.
- 재미과학기술자협회를 창립하여 초대 회장으로 활동하며 재미 과학자들이 조국의 과학기술 발전과 경제 부흥에 도움을 줄 수 있도록 했다.

㉑ 조선 공학자이자 선박 역사학자
김재근(1920~1999)

- 경성제국대학 이공학부 1기생으로 기계 공학을 전공했고, 졸업 후에 조선기계제작소에서 근무하면서 독학으로 조선 공학을 공부했다. 1949년에 서울대학교 최초의 조선 공학 전공 교수로 부임한 후 수많은 제자들을 양성하여 우리나라 조선 공학의 기틀을 마련했다.
- 거북선을 시작으로 판옥선, 병조선 등에 관한 논문을 썼으며, 유물 발굴 작업을 바탕으로 한선의 특성과 계보를 밝히는 작업을 했다.

㉒ 우리나라 수학 교육을 정립한 수학자

이임학(1922~2005)

- 1949년 한국인으로서는 처음으로 국제적인 학술지에 논문을 발표했다.
- 1957년 새로운 유형의 단순군(자기 자신과 단위 원소만으로 이루어진 부분군 이외에는 불변 부분군을 지니고 있지 아니한 군)들의 무한한 두 모임인 리 군(Ree groups)을 찾아냈다. 그의 성을 딴 리군 이론으로 세계 수학사에 큰 업적을 남겼다.

㉓ 우리나라 물리학계를 개척한 이론 물리학자

조순탁(1925~1996)

- 1958년 미시간대학교에서 물리학 박사 학위를 수여 받아 우리나라 최초의 이론 물리학자가 됐다.
- '조-울렌벡 이론'을 발표하여 국제적으로 인정받았으며, 통계 물리학 발전에 큰 획을 그었다.
- 귀국 후 40여 년간 교수로 재직하면서 인재를 양성했다.

㉔ 유행성 출혈열 병원체를 발견한 미생물학자

이호왕(1928~)

- 유행성 출혈열 병원체인 한탄바이러스와 서울바이러스를 세계 최초로 발견하고 새로운 바이러스의 속으로 한타바이러스를 국제학계에 제안하고 공인받았다.
- 1997년에는 한탄바이러스와 푸말라바이러스에 의한 유행성 출혈열을 동시에 예방할 수 있는 혼합 백신도 개발했다.

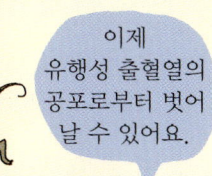

㉕ 세계적으로 유명한 이론 물리학자

이휘소(1935~1977)

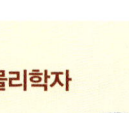

- 그가 연구한 내용은 다른 여러 학자들에게 영향을 주어 와인버그, 살람(1979년), 트후프트, 벨트만(1999년), 그로스, 윌첵, 폴리처(2004년) 등이 노벨상을 수상했다.
- 실험 물리학의 중요성을 강조하여 우리나라가 고에너지 국제 공동 연구에 참여할 수 있도록 많은 지원을 했다.

참고도서

《하늘에 새긴 우리 역사》 박창범 글, 김영사
《전통 속의 첨단 공학기술》 남문현 외 글, 김영사
《과학이 있는 우리 문화유산》 박종호 글, 컬처라인
《한국의 7대 불가사의(과학유산으로 보는 우리의 저력)》 박종호 글, 역사의 아침
《로켓이야기》 채연석 글, 승산
《불국사와 석굴암(신나는 교과서 체험 학습 1)》 문명대 글, 스쿨김영사
《수원화성(신나는 교과서 체험학습 3)》 김준혁 글, 스쿨김영사
《옹기민속박물관(신나는 교과서 체험 학습 27)》 옹기민속박물관 글, 스쿨김영사
《남산골 한옥마을(신나는 교과서 체험 학습 31)》 이홍원 글, 스쿨김영사
《실학정신으로 세운 조선의 신도시, 수원화성》 김동욱 글, 돌베개
《고구려성(고구려특별대전)》 서길수 글, 한국방송공사
《유물의 재발견》 남천우 글, 학고재
《한국과학사》 전상운 글, 사이언스북스
《돌도끼에서 우리별 3호까지》 전상윤 글, 아이세움
《우리역사 과학기행》 문중양 글, 동아시아
《빛나는 우리과학문화재》 박성래 글, 대교출판
《문화유산에 숨겨진 과학의 비밀》 국립문화재연구소 글, 고래실
《우리가 정말 알아야 할 우리 한지》 이승철 글, 현암사
《우리가 정말 알아야 할 우리 한옥》 신영훈 글, 현암사
《우리가 정말 알아야 할 천연염색》 이종남 글, 현암사
《한국 미술문화의 이해》 강민기 외 글, 예경
《우리 옛 도자기》 윤용이 글, 대원사

참고 사이트

한국과학창의재단(사이언스 올) : http://www.scienceall.com
한국과학기술한림원 (과학기술인 명예의 전당) : http://www.kast.or.kr
한국천문연구원 : http://www.kasi.re.kr
여수거북선사이버해전체험관 : http://www.gbs.go.kr
문화재청 (문화유산정보) : http://www.cha.go.kr

교과연계	
3-1 사회	1. 우리 고장의 모습
3-2 사회	1. 고장 생활의 변화 2. 우리 고장의 전통문화
4-1 사회	1. 우리 시·도의 모습
4-2 사회	1. 문화재와 박물관
5-1 사회	1. 우리나라의 자연환경과 생활
5-2 사회	3. 우리 겨레의 생활 문화
6-1 사회	1. 우리 민족과 국가의 성립 2. 근대 사회로 가는 길
6-2 사회	3. 새로운 세계에서 우리가 할 일
3-1 과학	1. 우리 주위의 물질 3. 소중한 공기 5. 날씨와 우리 생활
3-2 과학	2. 빛의 나아감 3. 지구와 달 5. 여러 가지 돌과 흙 6. 소리내기
4-1 과학	1. 수평잡기 2. 우리 생활과 액체 7. 강과 바다 8. 별자리를 찾아서
4-2 과학	5. 열에 의한 물체의 부피 변화 7. 모습을 바꾸는 물 8. 열의 이동과 우리 생활
5-1 과학	3. 기온과 바람 4. 물체의 속력 8. 물의 여행 9. 작은 생물
5-2 과학	4. 화산과 암석 7. 태양의 가족 8. 에너지
6-1 과학	1. 기체의 성질 5. 주변의 생물 6. 여러 가지 기체
6-2 과학	1. 물 속에서의 무게와 압력 4. 계절의 변화 6. 편리한 도구

아하! 우리 역사 시리즈

① 생활사
아하! 그땐 이렇게 살았군요
원시 시대부터 지금까지 우리나라 사람들은 어떻게 살았을까요?
퍼즐처럼 짜여진 글과 그림들을 따라가다 보면,
5000년 생활사가 머리에 쏙쏙 들어옵니다.
한국간행물윤리위원회 추천 도서

② 전쟁사
아하! 그땐 이렇게 싸웠군요
우리나라 전쟁의 역사 속으로 함께 여행을 떠나 볼까요?
우리 민족의 진취적인 기상과 진정한 용기,
애국심과 평화에 대한 교훈까지 배울 수 있습니다.

③ 인물사
아하! 그땐 이런 인물이 있었군요
우리의 역사 속 인물들은 어린 시절 어떻게 살았을까요?
또 어떤 업적을 남겼을까요? 초등학교 교과서에 나오는
인물 33명의 이야기가 생생하게 펼쳐집니다.

④ 경제사
아하! 그땐 이런 경제생활을 했군요
신라의 부자들이 왜 수도 경주에 모여 살았는지,
조선의 수도 한양 종로 거리에는 어떤 가게가 있었는지 등
우리 조상들의 경제생활 모습을 재미있게 알 수 있습니다.
2007 열린어린이 추천 도서

⑤ 시대사
아하! 그땐 이런 역사가 있었군요
우리나라 5000년 역사 속에는 어떤 일이 있었을까요?
구석기 시대부터 현대 사회까지의 자랑스러운 우리나라 역사가
한눈에 펼쳐집니다.

⑥ 유물사
아하! 그땐 이런 문화재가 있었군요
고인돌, 종묘, 수원 화성 등 세계유산으로 지정된 자랑스럽고
뛰어난 우리 문화재가 재미있는 일러스트와 함께 담겨있습니다.

⑦ 과학사
아하! 그땐 이런 과학기술이 있었군요
거북선, 수원 화성, 칠지도, 분청사기 등 세계 최고를 자랑하는
우리나라의 과학기술의 역사를 한눈에 보여 준다.
각각의 분야에서 어떤 방법으로 과학기술을 발전해 나갔는지,
우리 조상들의 뛰어난 실력을 만나볼 수 있다.